COMO CALAR
O ACUSADOR

COMO CALAR O ACUSADOR

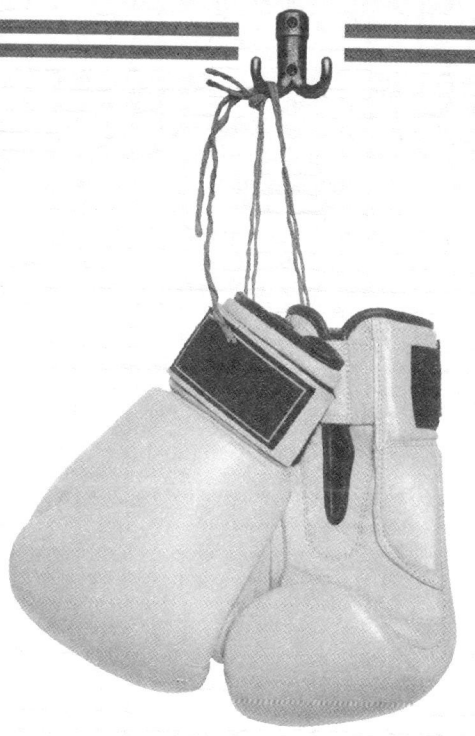

DAVID ALSOBROOK

Traduzido do Original em inglês:
*Understanding **The Accuser***
Copyright © 1999 by David Alsobrook

Tradução
Eliseu e Irene Pereira

2ª edição – Junho de 2002
Reimpressão – Setembro de 2004
Reimpressão – Junho 2010
Reimpressão – Dezembro 2014

Revisão
Rita Leite

Diagramação
Angela Motta Cunha

Capa
Leandro Schuques

Nenhuma parte deste livro pode ser reproduzida, arquivada ou transmitida por qualquer meio – eletrônico, mecânico, fotocópias, etc – sem a devida permissão dos editores, podendo ser usada apenas para citações breves.

Publicado com a devida autorização e com todos os direitos reservados pela EDITORA ATOS LTDA.

Atos

www.editoraatos.com.br

Sumário

Capítulo 1 Os três papéis mais comuns de Satanás 07
Os diversos papéis de ataque de Satanás
O tentador
O enganador
Como o acusador opera

Capítulo 2 Vencendo Satanás
Quando ele me acusa diante de Deus 13
O acusador tem acesso ao Trono
O acusador é amordaçado pelo Advogado
Jesus, nosso Intercessor
Satanás acusou Simão e exigiu o direito de dominá-lo
O sangue da aspersão

Capítulo 3 Vencendo Satanás
Quando ele acusa outros perante mim 39
Julgue com justo juízo
Prove os espíritos
Não julgue segundo a aparência
Eu sou o guardião de meu irmão?
Não julgue... mas julgue

Capítulo 4 Vencendo Satanás
Quando ele me acusa para mim mesmo 71
Convicção e condenação
Condenação = Culpa
Convicção = Paz
Condenação = Fardo
Convicção = Purificação
Maneiras como Deus trata com nosso pecado
Divórcio e novo casamento
Esqueça o passado

Capítulo 1
Os Três Papéis Mais Comuns de Satanás

Os diversos papéis de ataque de Satanás

Nosso oponente, astuto e sagaz como é (Gn 3.1), não está limitado a um único papel ou método de ataque. Uma pesquisa nas Escrituras revela muitos tipos de operação usados contra o povo de Deus. Se o Diabo não era bem-sucedido em derrotar seu adversário em um de seus esquemas, vinha contra ele mais tarde, usando outra tática. Jesus exortou seus seguidores a serem "prudentes como as serpentes", e Mateus 10.16 mostra que as serpentes têm um nível significativo de inteligência.

Enquanto estudava a Palavra para descobrir mais sobre o inimigo, sobre quem Paulo disse que não deveríamos ser ignorantes (1 Co 2.11), lentamente me dei conta de que Satanás usa três principais estratégias para atacar o crente. Se com uma delas, o Diabo não obtém sucesso contra um cristão, geralmente usará outra forma de ataque. Nessas três estratégias ele aparece no papel de:

1. tentador
2. enganador
3. acusador

O tentador

Na primeira vez em que Satanás se aproximou da humanidade,

apresentou-se a nossos primeiros pais, Adão e Eva, em seu papel de tentador. A serpente tentou a mulher dizendo:

É assim que Deus disse: Não comereis de toda árvore do jardim? (Gn 3.1)

Foi também nesse papel que o Senhor Jesus o encontrou no primeiro confronto entre eles que foi registrado:

Então, o tentador, aproximando-se, lhe disse: Se és Filho de Deus, manda que estas pedras se transformem em pães (Mt 4.3).

Evidentemente os cristãos primitivos foram advertidos deste termo "tentador"' e também dessa tática, pois Paulo escreveu:

Foi por isso que, já não me sendo possível continuar esperando, mandei indagar o estado da vossa fé, temendo que o Tentador vos provasse, e se tornasse inútil o vosso labor (1 Ts 3.5).

Os ataques do tentador são bastante reais e, às vezes, obtêm sucesso em derrotar um crente. Embora a tentação seja o *primeiro* método de ataque do Diabo, ela é de fato a *mais fraca* de suas três táticas principais. Jesus venceu esse ataque facilmente apenas citando frases isoladas do livro de Deuteronômio. Não precisou usar muitos textos das Escrituras quando o tentador veio contra Ele. Na verdade, alguns golpes com a espada do Espírito derrotaram todas as três áreas de tentação.

O enganador

Muito mais crentes são feridos pelo Diabo quando este vem como enganador do que quando vem como tentador. Essa é uma esfera mais alta de ataque e muito mais sutil do que a primeira. Paulo estava se referindo a esse segundo método em 2 Coríntios 11.14, 15 quando, depois de ficar chocado com o fato de que muitos de seus apóstolos eram falsos, disse:

E não é de admirar, porque o próprio Satanás se transforma em anjo de luz. Não é muito, pois, que os seus próprios ministros se transformem em ministros de justiça; e o fim deles será conforme as suas obras.

Paulo ensinou que, assim como os falsos ministros pareciam verdadeiros, Satanás também pode se transformar em um legítimo anjo de Deus. Deus é luz, e seus anjos são anjos de luz. Satanás, em seu real estado, é um anjo das trevas. Porém, ele pode se disfarçar como anjo de luz. Eu não acredito que Satanás pode se transformar, de fato, em um anjo de luz. Definitivamente creio que Satanás pode *se disfarçar*, e se disfarça, como anjo de luz.

O propósito de Satanás quando vem a uma pessoa no papel do enganador é iludi-la para que aceite o falso como verdadeiro. Pessoalmente, conheço vários ministros que foram induzidos a grandes erros. Alguns deles cauterizaram a consciência com pecados morais depois que uma "revelação de Deus" os convenceu de que nós deveríamos ter concubinas hoje. Outros não têm trazido uma vergonha tão grande como essa ao nome de Cristo, mas tornaram seus ministérios fracos porque distorceram as Escrituras. O enganador se deleita em distorcer a verdade da Palavra. Ele mostra isso em Mateus 4.6, quando deturpa o significado claro do Salmo 91.11, 12. Jesus não foi enganado por essa cilada. Até mesmo Satanás pode citar a esmo (normalmente cita erroneamente) as Escrituras.

Qual é, então, a nossa proteção contra essa forma de ataque? Depois que busquei sinceramente ao Senhor em relação a isso, Ele me revelou a resposta. Temos visto que um crente pode vencer o ataque do tentador com uma sincera confissão da Palavra de Deus. Lembre-se de que Jesus usou apenas uma frase para repreender o tentador. Porém, um crente pode vencer o enganador apenas estudando *todo o conselho* da Palavra de Deus e interpretando-a corretamente, usando *a própria Escritura*.

Cheguei à conclusão de que cada cristão deve desenvolver a própria salvação e não pode confiar inteiramente na experiência de outros. Cada pessoa tem os próprios problemas e áreas de fraqueza para superar. Aquele que está assentado no trono disse:

O vencedor herdará estas coisas, e eu lhe serei Deus, e ele me será filho (Ap 21.7).

O enganador se deleita em tomar uma parte da Palavra e enfatizá-la, para excluir outras das Escrituras. Felizmente, muitos permanecem bastante equilibrados na Palavra, de forma que a aparência do enganador como anjo de luz não os ilude.

Muitos que estão lendo estas palavras conhecem a presença do tentador e a aproximação do enganador. Quando o inimigo se apresentou a você nesse primeiro papel, você estava bem consciente da tentação. Quando se aproximou como enganador, você provavelmente logo percebeu seu ataque, embora seja difícil discerni-lo.

Agora, vamos ao terceiro, que penso ser a maneira de ataque mais forte. "Diabo" é a palavra grega *diabolos* e significa "alguém que acusa em uma sala de tribunal; um caluniador". "Satanás" significa principalmente "adversário" e também "acusador – alguém que se opõe"! Esse papel de acusador provavelmente é o mais difícil de discernir e vencer. Muitas vezes, nós mesmos, inconscientemente, tornamo-nos ferramentas com as quais o Diabo pode trabalhar.

Quando Satanás aparece como tentador, sua presença é muito óbvia. Quando vem como enganador, sua aparência nem sempre é tão óbvia. Quando, porém, vem como acusador, não apenas deixamos de reconhecer sua voz, como ainda podemos confundi-la com a voz de Deus! Nesse ponto nós somos enganados, e muito provavelmente cedemos à tentação de fazer um juízo carnal sobre um irmão na fé. Assim, nós somos enganados por todas as três armadilhas de Satanás.

Como o acusador opera

Há três maneiras principais de Satanás operar como acusador:
1. *Satanás acusa o crente perante Deus e acusa Deus perante o crente.* No primeiro capítulo do livro de Jó, lemos que Satanás acusa Jó diante de Deus. *"Porventura, Jó debalde teme a Deus?"*, Satanás replicou (Jó 1.9). Duas vezes o Diabo diz ao Senhor: *"... verás se não blasfema contra ti na tua face"* (veja Jó 1.11; 2.5)! Então, Satanás acusa a Deus perante Jó (através de sua esposa): *"Então sua mulher lhe disse: Ainda conservas a tua integridade? Amaldiçoa a Deus, e morre"* (Jó 2.9).
2. *Satanás acusa outros cristãos perante um crente.* Infelizmente, muitas vezes nós não percebemos isso. Frequentemente olhamos para outros cristãos e os julgamos pelo que ouvimos dizer. Jesus se referiu a isso como "ter um olho mau", que é citado juntamente com o adultério, a prostituição e o homicídio em Marcos 7.19-24. Essas coisas são responsáveis por muitas suspeitas, desconfianças, censuras e críticas que existem no corpo de Cristo.
3. *Satanás acusa um crente perante ele mesmo.* Mesmo depois que um crente se arrepende verdadeiramente de um pecado e sinceramente pede perdão ao Senhor, o acusador vai atacá-lo com condenação e culpa. Muitas vezes, tenho orado com cristãos que vivem com sentimento de culpa e fardos de condenação por anos e anos. Fico muito contente em mostrar-lhes que é Satanás quem os condena, e não Deus.

Ao longo deste livro, veremos como vencer esses três ataques do acusador de maneira mais prática.

Capítulo 2

Vencendo Satanás

Quando Ele me Acusa Diante de Deus

Em primeiro lugar, vejamos como podemos vencer Satanás, o acusador, quando ele nos acusa diante de Deus. Apocalipse 12.7-11 diz assim:

Houve peleja no céu. Miguel e os seus anjos pelejaram contra o dragão. Também pelejaram o dragão e seus anjos; todavia, não prevaleceram; nem mais se achou no céu o lugar deles. E foi expulso o grande dragão, a antiga serpente, que se chama diabo e Satanás, o sedutor de todo o mundo, sim, foi atirado para a terra, e, com ele os seus anjos. Então, ouvi grande voz do céu, proclamando: Agora, veio a salvação, o poder, o reino do nosso Deus e a autoridade do seu Cristo, pois foi expulso o acusador de nossos irmãos, o mesmo que os acusa de dia e de noite, diante do nosso Deus. Eles, pois, o venceram por causa do sangue do Cordeiro e por causa da palavra do testemunho que deram e, mesmo em face da morte, não amaram a própria vida.

O versículo 11 é bem conhecido, pois é frequentemente citado. Entendemos que "ele", o que foi vencido pelo sangue e pela palavra do testemunho, é Satanás ou o Diabo, mas é provável que não percebamos o papel dele nesse versículo – o de acusador.

Lemos aqui que João vê uma grande batalha acontecendo no céu. Alguns teólogos ensinam que esse texto da Escritura já foi cumprido. Aqueles que interpretam o livro de Apocalipse somente espiritualmente acreditam que isso foi cumprido quando Jesus aspergiu seu sangue no Santo dos Santos, após a sua ressurreição. Tendo já estudado Apocalipse a partir de muitos pontos de vista, creio que o capítulo 12 se refere ainda ao futuro. João vê chegar um tempo quando Satanás já não terá permissão de acusar os cristãos diante de Deus.

Cristo provavelmente foi crucificado por volta do ano 33 d.C., e esse livro foi transmitido a João aproximadamente no ano 95 d.C. Porém, em Apocalipse 1.1 – mais de sessenta anos depois – lemos:

Revelação de Jesus Cristo, que Deus lhe deu para mostrar aos seus servos **as coisas que em breve devem acontecer**...

Em outras palavras, o livro de Apocalipse diz respeito a *coisas que estão para acontecer*, e isso mais de sessenta anos *depois* que Jesus havia consumado sua obra no Calvário.

Algumas pessoas dizem que a guerra entre Satanás e Miguel ocorreu no Calvário. Se é assim, então por que os cristãos vencem Satanás pelo sangue do Cordeiro em Apocalipse 12? É evidente que eles venceram o acusador depois que ele foi lançado para a Terra. O versículo 11 afirma que *"mesmo em face da morte, não amaram a própria vida"*, e nenhum discípulo foi martirizado senão depois que os sofrimentos de Cristo haviam sido cumpridos. Assim, esse fato não poderia ter acontecido justamente no Calvário. É verdade que no Calvário o acusador foi derrotado para nós, mas a batalha referida nessa passagem ainda não se cumpriu. Miguel e seus anjos ainda têm de guerrear contra Satanás e seus anjos e expulsá-los dos céus. Precisamos entender que Satanás ainda tem acesso a Deus.

Mas Jesus não disse em Lucas 10.18, *"Eu via Satanás caindo do céu como um relâmpago"*? Satanás foi expulso do céu no passado, muito tempo antes do Calvário, quando o céu ainda era sua morada. Lucas 10.18 confirma a perda do direito de Satanás de morar no céu. Isso aconteceu muito antes que o homem recebesse o fôlego de vida.

O acusador tem acesso ao trono

O livro de Jó, entretanto, nos dá mais esclarecimentos sobre a posição de Satanás. Esse livro foi escrito depois que o homem foi criado e Satanás perdeu o direito de habitar no céu. No capítulo 1, versículos 6-7, lemos:

> *No dia em que os filhos de Deus vieram apresentar-se perante o Senhor, veio também Satanás entre eles. Então perguntou o Senhor a Satanás. Donde vens? Satanás respondeu ao Senhor, e disse. De rodear a* **terra** *[isso significa que ele não estava na terra quando disse essas palavras], e passear por ela.*

1 Pedro 5.8 nos diz que ele ainda faz isto:

> *... O diabo, vosso adversário, anda em derredor, como leão que ruge procurando alguém para devorar.*

Essa cena, descrita no livro de Jó, não aconteceu na Terra, mas no céu, um lugar familiar ao Diabo. Ele tinha vivido ali por eternidade e eternidade. Há muita probabilidade de que ele tenha sido criado ali e mais tarde designado para dominar sobre a Terra, antes da criação do homem.

Satanás veio à presença de Deus. O Senhor lhe perguntou: "Donde vens?"

"De rodear a terra e passear por ela", respondeu Satanás.

Ora, isso aconteceu depois da queda do querubim ungido, da criação do homem, e do tempo em que Jesus se referiu a ele, quando disse: *"Eu vi Satanás caindo do céu como um relâmpago".*

Contudo, em Jó 1 e 2, Satanás se encontra diante de quem? Ele está diante de *Yahweh*, cujo "trono está nos céus" (Sl 103.19). Isso me deixou perplexo durante algum tempo. Satanás não estava na Terra, mas diante de Deus. O Senhor não veio à Terra e disse: "Vocês, filhos de Deus, vocês, anjos criados, apresentem-se diante de mim, e você, Satanás, venha também". Meu problema era o fato de que Apocalipse 21.27 relata que ninguém que pratica abominação ou mentira pode entrar na Cidade Santa, mas somente aqueles que estão inscritos no livro da vida do Cordeiro. Então, como ele pode entrar no céu e se apresentar diante de um Deus santo? Recordei-me de Romanos 14.12: *"Assim, pois, cada um de nós dará contas de si mesmo a Deus"* – e entendi isso! Satanás tem de dar contas de si mesmo a Deus. Evidentemente isso é algo que ele faz regular ou periodicamente. Em Jó 1.6 nós lemos:

Num dia em que os filhos de Deus vieram apresentar-se perante o Senhor, veio também Satanás entre eles.

Compare esse versículo com Jó 2.1:

Num dia em que os filhos de Deus vieram apresentar-se perante o Senhor, veio também Satanás entre eles apresentar-se perante o Senhor.

Nesses versículos, vemos que Satanás, periodicamente, vem se apresentar diante de Deus para prestar contas de suas últimas ações na Terra.

O propósito de Deus em permitir a entrada de Satanás no céu é para que preste contas de suas ações, não para relacionarem-se amigavelmente. E enquanto Satanás está relatando suas atividades tira proveito da ocasião para acusar os santos. Outro nome comum para Satanás é "Diabo". Lembre-se de que a palavra grega para "diabo" é *diabolos*, que significa "demandante, caluniador e acusador". Quando está perante o Juiz de toda a Terra para prestar contas de suas últimas atividades, o *diabolos* tira proveito da ocasião para difamar os servos de Deus.

Observe Jó 1.7: *"Então, perguntou o Senhor a Satanás: Donde vens? Satanás respondeu ao Senhor e disse: De rodear a terra e passear por ela."* O Senhor perguntou a Satanás: *"Observaste o meu servo Jó?"* Você está na lista de alvos do inimigo quando você serve ao Senhor! Jó era um homem íntegro, que temia a Deus e desviava-se do mal. Então, não é de surpreender que Satanás tivesse uma longa lista de acusações para fazer contra ele!

Jesus Cristo, que era completamente sem pecado, foi examinado pelo mal da mesma maneira. Ele disse:

Já não falarei muito convosco, porque aí vem o príncipe do mundo; e ele nada tem em mim (Jo 14.30).

Talvez nós possamos fazer uma paráfrase desse versículo: "O dominador deste mundo está vindo para examinar-me, mas ele não tem direito sobre mim".

Fico contente de saber que Satanás examinou a Jesus e não encontrou nenhuma base legal de evidência para acusá-lo perante o Pai. Se Satanás pudesse ter encontrado tal base, não teria havido um cordeiro sem mancha ou sem mácula, e nós teríamos ficado desesperançados e indefesos.

Quando Satanás me acusa diante de Deus, apela para a santidade legal de Deus, o Pai. Se isso for possível de algum modo, ele vai relatar uma pecado verdadeiro em minha vida; se isso não é possível, ele vai me caluniar injustamente diante do trono. Se não fosse Jesus, nosso Advogado à mão direita do Pai, nosso adversário obteria vantagem. Deus, por exigir santidade, teria de nos castigar. Graças a Deus por um Advogado que tem o favor do Pai!

Em 2 Coríntios 2.10, 11, Paulo diz que não ignora os desígnios de Satanás:

A quem perdoais alguma coisa, também eu perdoo; porque, de fato, o que tenho perdoado (se alguma coisa tenho perdoado), por causa de vós o fiz na presença de Cristo; para que Satanás não alcance vantagem sobre nós, pois não lhe ignoramos os desígnios.

A palavra desígnios significa "planos de guerra" ou "estratégias de guerra". Na guerra, nossos adversários procuram descobrir nossas fraquezas a fim de nos atacar da melhor maneira.

Retornando à história de Jó, Satanás responde a Deus com um tom maldoso na voz:

Então, respondeu Satanás ao Senhor: Porventura, Jó debalde teme a Deus? (Jó 1.9).

Suas palavras insinuavam que Jó apenas servia a Deus por causa das bênçãos materiais que o Senhor derramava sobre ele.

Deus disse a Satanás que ele podia atacar tudo o que Jó possuía, mas não a sua vida. Depois do ataque devastador de Satanás em Jó 2, verificamos que apenas a esposa de Jó permaneceu com vida; seus filhos foram mortos. Satanás poupou a esposa de Jó porque eles eram "uma só carne", e teve de respeitar e reconhecer essa união.

Satanás concluiu: "Se eu não posso chegar a Jó diretamente, eu posso fazer isso indiretamente, através de sua esposa".

Então, sua mulher lhe disse: Ainda conservas a tua integridade? Amaldiçoa a Deus e morre (Jó 2.9)

Satanás pode usar outras pessoas, até mesmo aquelas mais íntimas, para chegar até nós.

Em Mateus 16.23, Jesus identifica prontamente a fonte das palavras de Pedro como obra de Satanás. O método de Satanás aqui é acusar a Deus para Jó através do conselho de sua esposa.

O ataque duplo de Satanás geralmente é acusar você diante de Deus, e então acusar a Deus diante de você. Vemos isso em Gênesis

3.12. Depois que Adão pecou, acusou a Deus – lançou a culpa de seu pecado sobre Deus. *"A mulher que me deste por esposa, ela me deu da árvore, e eu comi."* Diretamente, Adão estava responsabilizando sua esposa, mas indiretamente culpava a Deus. "A razão por que estou com todo esse problema, Senhor, é esta mulher que *Tu* me deste. Se *Tu* não me houvesse colocado nessa situação, eu nunca teria feito isso primeiro."

Muitos cristãos estão amargurados com Deus. Suponha que Deus responda a noventa e sete por cento de suas orações. Aparentemente, três orações não obtiveram nenhuma resposta. Satanás rapidamente diz: "Ah, olhe para Deus, Ele não cumpre sua Palavra". Satanás acusa Deus diante de seu povo, como também acusa seu povo perante Ele.

Depois que Satanás acusou Jó perante Deus, começou a apresentar ao Senhor sua lista sobre Jó. Em Jó 1.10 são destacadas cinco áreas específicas relativas aos métodos que Satanás usa para "examinar os crentes". Não temos razão para pensar que ele os alterou durante os milênios.

Satanás examina cinco coisas a respeito de Jó e de cada um de nós:

1. *Satanás inspeciona a conduta de Jó. "Acaso, não o cercaste com sebe?"* Ele sabia tudo sobre Jó e sua vida pessoal. Estudava seus hábitos. Ouvia as palavras que ele falava. Via como Jó agia em sua casa. Sabia como ele se conduzia nas vinte e quatro horas do dia. Esse pensamento é ampliado em Salmos 119.23: *"Assentaram-se príncipes* [principados] *e falaram contra mim, mas o teu servo considerou nos teus decretos".*

2. *Satanás aprendeu tudo a respeito da família de Jó.* Conhecia os relacionamentos interpessoais de Jó e *"a tudo que ele tinha"* (Jó 1.10).

3. *Satanás fez um estudo detalhado das posses de Jó.* Sabia quanta prata e ouro Jó possuía; quantas ovelhas, bois, servos, e assim por diante.

4. *Satanás estava atento ao trabalho de Jó. "A obra de suas*

mãos abençoaste". Satanás sabe como você age em sua casa ou em seu local de trabalho. Conhece como você reage à pressão no trabalho e está operando quando você está trabalhando! No corpo de Cristo, a frase "o trabalho de suas mãos", significa ministério, e Satanás conhece a obra de suas mãos. Ele está sempre tentando amarrá-las e mantê-las presas, para que você não consiga brandir a sua espada, arar o campo, plantar a semente e fazer a colheita.

5. *Satanás observava a influência social de Jó.* "*... seus bens se multiplicaram na terra*" (Jó 1.10). A palavra "bens" pode ser melhor entendida como "influência social". Sua influência social crescia na Terra. Muitas vezes, quando o tentador obtém vitória sobre cristãos, é relativamente fácil eles voltarem a ter comunhão com Deus – essa não é a parte difícil – mas seu testemunho se torna sem brilho; o nome de Cristo foi profanado. Restabelecer a influência desses cristãos com os homens leva muito mais tempo.

Estas são as cinco áreas que Satanás examinou em Jó, embora deva-se observar que Satanás não é onipresente nem onisciente. Porém, se tiver oportunidade, vai nos examinar para ver se pode encontrar algo em nossa vida para lançar na face de Deus.

O acusador é amordaçado pelo Advogado

No livro de Zacarias, capítulo 3, temos uma visão do que estamos falando. Zacarias profetizou durante o período pós-exílio, depois que Israel havia saído da terra da Babilônia, onde os israelitas estiveram em cativeiro, vergonha e escravidão por setenta anos. Agora, eles haviam regressado para Israel e Deus os estava abençoando e dando prosperidade.

Ageu também ministrou em Israel mais ou menos nessa época. Sua palavra para eles era:

Acaso, é tempo de habitardes vós em casas apaineladas, enquanto esta casa permanece em ruínas? (Ag 1.4)

Décadas antes, os exércitos de Nabucodonosor levantaram-se contra eles e levaram o povo cativo. Eles profanaram o belo templo construído por Salomão, transformando-o em uma pilha de entulho. Agora, mais de cem anos depois, estavam de volta à terra e tinham casas de fino acabamento para morar, mas o templo ainda era um monte de ruínas. Deus começa a desafiá-los a considerar seus caminhos e a reconstruir a casa do Senhor.

Zorobabel é o arquiteto principal e o mestre de obras. Deus tem uma palavra para ele:

... Não por força nem por poder, mas pelo meu Espírito, diz o Senhor dos Exércitos (Zc 4.6).

No livro de Neemias, vemos que eles estavam tentando reconstruir o muro com uma espada em uma mão e uma espátula na outra. Zorobabel deveria aprender que a reconstrução do templo seria "não por força nem por poder..." As palavras "força" e "poder", em hebraico, se referem às armas e aos exércitos.

Antes que o templo pudesse ser reconstruído, a ordem sacerdotal tinha de ser restaurada, como também os artesãos. A liderança espiritual do sacerdócio deveria estar atuando corretamente, e Deus corrigiu a ambos: a ordem sacerdotal, em Zacarias 3, e o trabalho manual, em Zacarias 4. Ele se dirigiu aos dois campos de autoridade (o espiritual e o natural) através do ministério profético de Zacarias.

Josué era um homem que vivia durante aquele período. Só que este não é o mesmo Josué que foi treinado por Moisés e que conduziu Israel à terra da promessa. Caiu-lhe a sorte de ser o sumo sacerdote de Israel nesse tempo. No capítulo 3 do livro de Zacarias, o profeta dá uma palavra específica para Josué, o sumo sacerdote.

"*Deus me mostrou...*" O profeta está falando aqui do anjo que veio e tratou com ele naquele tempo. "*... o sumo sacerdote Josué...*" Essa é uma visão na qual Zacarias literalmente viu um homem.

Como sumo sacerdote dois personagens sobrenaturais estavam presentes: Anjo do Senhor e Satanás. O primeiro como seu advogado, e o segundo, *"à mão direita dele, para se lhe opor"*. "Opor" neste contexto significa "acusar, condenar". A *Nova Versão Internacional* diz "para acusá-lo".

Aqui está Josué, sumo sacerdote de Israel; e na visão de Zacarias Deus mostrou-lhe o que estava impedindo a reconstrução do templo. Do ponto de vista espiritual, o sumo sacerdote estava sob a influência do acusador. A razão principal era que ele permitiu que suas vestes fossem contaminadas. Zacarias vê o Anjo do Senhor, e também Satanás, à mão direita de Josué para resistir-lhe e acusá-lo. Satanás estava presente para impedir o trabalho de Josué para Deus. É por isso que Satanás nos acusa, para que ele possa frustrar os nossos esforços no reino.

É provável que o Anjo do Senhor no Velho Testamento tenha sido uma manifestação pré-encarnada de Jesus Cristo. Eu havia preparado várias páginas para justificar essa ideia, mas, por enquanto, omiti esse estudo. Muitas autoridades, como você deve saber, concordam nesse ponto.

Deus me mostrou o sumo sacerdote Josué, o qual estava diante do Anjo do Senhor [este é Jesus], e Satanás estava à mão direita dele, para se lhe opor [acusar]. Mas o Senhor disse a Satanás: O Senhor [Yahweh] te repreende, ó Satanás, sim, o Senhor, que escolheu Jerusalém, te repreende; não é este [referindo-se a Josué, o sumo sacerdote] um tição tirado do fogo? (Zc 3.1, 2)

Em outras palavras, "Josué não é uma lenha acesa que foi tirada do fogo antes de ser totalmente consumida?"

Muitas vezes, o inimigo nos condena e nos acusa: "Você ainda não fez isto. Você ainda não fez aquilo. Você nunca conseguirá isso". Não se renda ao acusador e não seja desnecessariamente duro com você. Quando Jesus intercede por você, Ele o considera um "tição tirado do fogo". Em outras palavras, há alguns anos você estava no fogo do julgamento e a apenas alguns passos do inferno. Qual o problema se você está fumegando um pouco? Você foi tirado recentemente do fogo. Não espere demais.

Ora, Josué, trajado de vestes sujas, estava diante do Anjo (Zc 3.3).

As vestes sujas de Josué forneceram os motivos legais para a acusação judicial de Satanás contra ele. É como se Satanás estivesse dizendo: "Deus, o Senhor não deve permitir que esse homem seja seu sumo sacerdote. Olhe suas vestes imundas. Olhe esse problema na vida de Josué. Olhe aquele problema na vida dele".

Satanás está nos condenando e nos acusando diante de Deus exatamente nesta hora, apontando várias coisas em nossa vida. Embora em nossa vida cristã tenhamo-nos livrado de muitas e muitas coisas nas quais costumávamos viver enredados, deveríamos nos lembrar ainda de que nosso Pai é tão santo que Ele não pode ver o mal. Ele não pode olhar para o pecado (Hc 1.13). Mesmo que abriguemos um simples mau pensamento, sem o perdão e a purificação por meio de Cristo, o Senhor não pode aceitá-lo com benevolência na presença dele. Nenhum de nós pode se apresentar diante de Deus sozinho, porém podemos nos aproximar sob a cobertura do precioso sangue de seu Filho, Jesus.

Josué estava com as vestes sujas. Ele não era um homem ímpio. Era como qualquer um de nós, porém estava decaído da glória de Deus. E Satanás usou isso como sua base legal. A maior parte do que ele disse sobre Jó era falso. A maior parte do que ele disse sobre Josué era verdadeiro. Contudo, Deus defendeu a ambos.

Quando o Anjo do Senhor repreendeu Satanás, esse foi seu fim naquela visão. Não foi uma batalha contínua. Bastou uma palavra do Anjo do Senhor e Satanás desapareceu da passagem bíblica.

No versículo 4 lemos:

Tomou este a palavra e disse aos que estavam diante dele [poderia haver outros anjos presentes]: Tirai-lhe as vestes sujas.

Quando Jesus, nosso Advogado, intercede por nós rogando a Deus que tenha misericórdia de nós por causa dos nossos pecados e fracassos, o Pai aceita seu ministério de intercessão a nosso favor e nos concede bondade imerecida. Porém, nosso Advogado não apenas clama pelo perdão legal para nós; Ele começa a nos transformar. O Anjo disse: "Tirai-lhe as vestes sujas". Jesus disse o mesmo a Maria e a Marta depois que Lázaro saiu do túmulo pelo seu poder. "Desatai-o e deixai-o ir". Agora Ele diz aos anjos que estão na presença de Josué: "Tirai-lhe as vestes sujas". Isso é santificação – ser transformado à imagem e semelhança de Deus.

Um quadro bonito é mostrado em Zacarias 3 sobre algo maravilhoso na vida do crente: "Eis que tenho feito que passe de ti a tua iniquidade e te vestirei de finos trajes" (Zc 3.4), ou "eu vou tornar a sua vida diferente agora". É isso que Jesus lhe diz hoje.

Há uma diferença entre nossa *posição moral* e nosso *estado moral*. Nossa *posição moral* diante de Deus é santa em Cristo. Nosso *estado moral* pode não ser tão bom quanto nossa posição moral – para não dizer coisa pior!

O que Deus faz no ato da justificação é tornar a nossa posição completamente justa. A perfeita justiça de Cristo é creditada em nossa conta.

Porém, nosso estado não é perfeito. Deus quer que nós nos separemos da presente era maligna. Ele deseja levar nosso "estado" à perfeição. Ele almeja que o discípulo seja como o seu Mestre. O Pai quer que prossigamos até a perfeição e que abandonemos toda coisa maligna e tudo que nos atrapalha em nosso curso terreno de perfeição Em outras palavras, Ele quer que nos tornemos completamente maduros e alcancemos a perfeição em Cristo.

No versículo 2, Jesus, o Anjo especial, está repreendendo a Satanás com base em sua justiça (não na justiça de Josué), e no versículo 4 Jesus está efetuando uma verdadeira transformação na vida de Josué. "Eis que tenho feito que passe de ti a tua iniquidade, e te vestirei de finos trajes". Apenas o Filho de Deus tem autoridade para dizer isso!

No versículo 5, Zacarias fala nessa visão: *"E disse eu: ponham-lhe um turbante limpo sobre a cabeça"*. Êxodo 28:36-38 descreve um turbante igual a esse, que tem uma lâmina de ouro na parte da frente, muito parecido com uma coroa. De fato, às vezes "turbante" tem o significado de coroa. Nessa lâmina de ouro estava gravado: *"Santidade ao Senhor"*. Zacarias estava dizendo: "Não somente o vistam com novos trajes. Coloquem também uma coroa em sua cabeça". A autoridade do sacerdócio é representada pela coroa – a autoridade de Deus, investida no seu sumo sacerdote.

"Ponham-lhe um turbante limpo sobre a cabeça" (Zc 3.5), e ele assumiu a aparência de rei com esse turbante. Primeiro as vestes sacerdotais; segundo, a coroa sacerdotal.

A coroa é colocada em sua cabeça para retratar a autoridade real. O éfode do sumo sacerdote representava a capacidade de servir de Josué. Em Apocalipse 1.5, 6 lemos:

... Aquele que nos ama, e, pelo seu sangue, nos libertou dos nossos pecados, e nos constituiu reino, sacerdotes para o seu Deus e Pai...

Reis para exercitar autoridade e sacerdotes para oferecer sacrifícios.

"E o Anjo do Senhor estava ali" (Zc 3.5). Ele estava aprovando o ato estando presente diante de Josué, quando suas roupas foram trocadas e o turbante foi colocado sobre ele. O Anjo do Senhor estava ali apenas para dizer: "Eu estou aprovando isso. Eu estou justificando isto".

"E o Anjo do Senhor estava ali, protestou a Josué..", isto é, depois que o Senhor limpou e ungiu a Josué, Ele o aconselhou.

Agora Josué está limpo; ele tem uma coroa legítima sobre sua cabeça; suas vestes estão brancas. Então, recebe uma incumbência, uma responsabilidade.

Assim diz o Senhor dos Exércitos: Se andares nos meus caminhos e observares os meus preceitos, também tu julgarás a minha casa... (Zc 37).

Os juízes do livro de Juízes trouxeram uma série de libertação para Israel. Sansão julgou Israel por quarenta anos; Samuel julgou Israel por quarenta anos; Débora julgou Israel; isto é, eles *libertaram* Israel. Israel caía em escravidão, mas depois se arrependia, e então tinha de ser *liberto* de seus inimigos. "Julgarás a minha casa", diz Deus. A casa de Deus precisava ser liberta, o templo tinha de ser purificado. Jesus quer purificar o templo tanto em nossos dias como quando Ele entrou no pátio exterior do templo, quando estava na Terra. Aquela foi uma mera sombra do que quer fazer agora. Deseja entrar no templo, tirar os cambistas e todos os ladrões e roubadores. Quer libertar sua casa, mas vai fazer isso por meio das pessoas que andam em seus caminhos e observam seus preceitos.

➢ *"Se andares nos meus caminhos"* – é obediência pessoal a Deus.

➢ *"se observares os meus preceitos"* – é cumprir sua responsabilidade no templo como um sacerdote, antes de poder julgar e libertar a casa de Deus.

➢ *"e guardarás os meus átrios"* – é ser incumbido de uma autoridade maior – do pátio interno para o pátio externo.

➢ *"e te darei livre acesso entre estes que aqui se encontram"* – refere-se àqueles que estão na visão celestial – "Eu darei a você um lugar aqui no templo de Deus", diz o Senhor. O versículo fala da herança eterna de Josué no templo celestial. Jesus prometeu:

Ao vencedor, fá-lo-ei coluna no santuário do meu Deus (Ap 3.12).

Jesus, nosso Intercessor

Ao estudar sobre Jesus e sua intercessão sacerdotal por nós, como é apresentado em Hebreus, capítulo 7, fiquei impressionado por não encontrar nenhum versículo que dissesse que Jesus estava orando pelo mundo. Um versículo diz que Ele *"pelos transgressores intercede"*. Isaías 53 diz isso, mas está se referindo a Cristo na cruz, quando disse: *"Pai, perdoa-lhes, porque não sabem o que fazem"* (Lc 23.34). As Escrituras mostram Jesus orando por "eles", referindo-se aos crentes, como retratado nestes versículos:

*...vivendo sempre para interceder por **eles** (Hb7.25).*

*... e também intercede **por nós** (Rm 8.34).*

*... não rogo pelo mundo, mas por **aqueles que me deste**... (Jo 17.9).*

Eu me perguntei por que Jesus não orava pelo mundo. Afinal de contas, a Igreja está em melhor condição que o mundo. Mas o Senhor inculcou em meu coração: "Eu vou orar apenas por você. Quando estiver onde deve estar, vai cuidar do mundo. Eu oro pela Igreja. Quando ela estiver onde deve estar, alcançar o mundo será uma coisa simples."

Alcançar o mundo para Cristo é simples, mas é o aperfeiçoamento da Igreja que é tão difícil. Jesus disse que nenhum homem saberia a hora do seu retorno, nem os anjos, nem mesmo o Filho, mas somente o Pai. A razão para isso é que a Igreja terá uma grande participação na volta do Rei.

E será pregado este evangelho do reino por todo o mundo, para testemunho de todas as nações. Então, virá o fim (Mt 24.14).

Nós ainda não fizemos nosso trabalho. É por isso que Jesus está orando por nós: "Desperta-os Pai!"

Todo o capítulo 7 de Hebreus é um estudo sobre Jesus, que, sendo da ordem de Melquisedeque, é nosso sumo sacerdote e continua a orar por nós. Ele tem um sacerdócio imutável no céu, à direita do Pai. Jesus tem estado mais ocupado desde que ressuscitou dos mortos do que quando ministrava aqui na Terra. Enquanto estava neste mundo, dormiu muitas noites; às vezes orava toda a noite; mas no céu, até onde nós sabemos, Ele está orando continuamente durante quase dois mil anos. E nós pensamos que estamos fazendo muito quando oramos durante uma ou duas horas!

*Por isso também pode salvar totalmente os que por ele se chegam a Deus, vivendo sempre para **interceder** por eles (Hb 7.25).*

Ele intercede por nós, e por isso somos salvos completamente. A palavra "intercede" significa mais do que simplesmente orar por alguém; quer dizer "colocar-se no lugar de outro".

Às vezes, oramos pelas pessoas "por procuração". Entendemos que isso significa "colocar-se" no lugar de alguém, "tomar seu lugar" – "interceder". Jesus, que tem uma posição perfeita e que ocupa a posição mais alta que Deus jamais deu a alguém, está assumindo o seu lugar diante do Pai, por *nossos* fracassos, *nossas* fraquezas e *nossos* pecados. Não há nada que possamos fazer, ou deixar de fazer, para afetar essa defesa em nosso favor.

De fato, temos dois advogados – dois intercessores. Primeiro, Jesus é meu Advogado. 1 João 2.1, 2 nos diz:

Filhinhos meus, estas cousas vos escrevo para que não pequeis. Se todavia, alguém pecar, temos Advogado junto ao Pai, Jesus Cristo, o Justo; e ele é a propiciação pelos nossos pecados...

Jesus diz em João 14.16:

E eu rogarei ao Pai, e ele vos dará outro Consolador...

Por "Consolador" poderíamos ler: intercessor, confortador, fortalecedor, advogado, conselheiro, substituto – o Espírito Santo é tudo isto e muito mais!

"Outro" (a palavra grega *allos*) significa "outro exatamente como Jesus". Jesus é meu Advogado. O mesmo Consolador, exatamente como Jesus. O Senhor diz: "Eu vou orar e pedir ao Pai para enviar outro consolador, exatamente como eu – o Espírito Santo".

Para exercer o papel de intercessor, a pessoa deve estar cheia do Espírito de Cristo.

Às vezes, eu peço às pessoas que se lembrem de mim em oração. Depois, lhes pergunto se oraram por mim, e elas respondem: "Bem, sim" ou "Mencionamos seu nome". Paulo implorou aos cristãos de Roma que lutassem "... *juntamente comigo nas orações a Deus a meu favor*" (Rm 15.30). Ele está falando de guerra e raramente os crentes fazem guerra no Espírito uns pelos outros. Deixamos Jesus fazer todo o trabalho!

Alguns pregadores ungidos podem ajudá-lo, orando a seu favor, mas há Alguém maior que tem seu nome na lista de oração. E invoca o Pai em seu favor noite e dia; e sempre que Satanás o acusa Ele lhe diz para ficar calado e pleiteia o seu caso. Ele ora pelas necessidades da sua vida.

Em segundo lugar, o Espírito Santo é seu *Advogado*. Ele ministra naquelas áreas de sua vida em que há um impedimento à obra de Deus. Esse é o ministério do Espírito Santo. Mas Ele não pode interceder por mim a menos que me renda a Ele e deixe que faça isso (veja Romanos 8.26). A única exceção seria se Ele escolhesse usar outro crente para interceder por mim, através da revelação do Espírito.

Cristo intercede por sua Igreja com ou sem nossa cooperação. O Espírito Santo pode interceder por nós *somente* quando cooperamos.

Satanás acusou Simão e exigiu o direito de dominá-lo

Jesus está intercedendo por nós neste momento, e nos deu um exemplo do que iria fazer antes de deixar a Terra. Lucas 22.31, 32 nos diz:

Simão, Simão, eis que Satanás vos reclamou para vos penetrar como trigo! Eu, porém, roguei por ti...

Eu tenho certeza de que Satanás tem também a intenção de nos dominar. Como isso se manifesta? Quando vai a Deus e diz: "Olha isto, olha aquilo outro. Tu não deverias ter nada a ver com David Alsobrook. Olha como ele, às vezes, fica irado com a esposa. Veja como é inconstante. Observe como duvida de Ti e não guarda a tua Palavra. Ouça como julga os outros. Veja como ele anda preocupado." Todas essas coisas são terríveis aos olhos de Deus. Mas Jesus tem orado por mim.

Não importa o que você esteja passando, saiba que Jesus está orando em seu favor. "Eu roguei por *ti*". Ele orou por Pedro antes da batalha! Você sabe que as orações de Jesus sempre são respondidas!

Quando Satanás veio e examinou Jesus, não encontrou nada, somente pureza.

... porque aí vem o príncipe do mundo; e ele nada tem em mim (Jo 14.30).

Naquela noite, Jesus não foi o único a ser examinado. Todos os discípulos também foram examinados. Judas certamente o foi. Em Pedro, especialmente, Satanás acertou o alvo. Pedro, mais que qualquer um dos outros discípulos, era um alvo, pois as chaves do reino lhe haviam sido dadas (Mt 16.19). Ele usou essas chaves para abrir a porta de salvação para os judeus no dia de Pentecostes. Dez anos mais tarde, usou essas chaves para abrir a porta de salvação para os gentios, através da casa de Cornélio. Satanás tinha os olhos voltados para Pedro. É por isso que você vê Pedro tropeçar tão gravemente – ele estava em um lugar altamente privilegiado. Era o único discípulo que havia andado sobre as águas, o único que havia recebido as chaves do reino. E estava sempre entre os três que formavam aquele círculo especial íntimo: Pedro, Tiago e João. Tinha um lugar especial no reino de Deus. Do mesmo modo, Satanás mirava em sua direção de uma maneira especial.

Não era comum Jesus chamar Pedro de "Simão" (Lc 22.31), porque, desde que lhe havia mudado o nome, normalmente chamava aquele pescador galileu de *Pedro*. Pedro significa *"pedra"*. Jesus o chamou de *pedra*. Simão, porém, significa *"cana"*. Jesus encontrou essa cana que tão facilmente era dobrada pelos ventos da tentação, vencida por tantos hábitos carnais, devido à língua de pescador, e Ele disse: "Eu vou fazer de você uma *pedra*".

É bem verdade que esse homem, Simão, havia agido algumas vezes como uma cana, mas em outras agiu como uma pedra também. Por ter esse lugar especial, é um exemplo para os cristãos. Na sua epístola, às vezes, se refere a si mesmo como "Simão Pedro". A razão é que aprendeu uma grande lição: ele era uma cana (Simão) *e* uma pedra (Pedro).

Temos muito a aprender sobre "a pedra" – em outras palavras, o que cada um de nós se torna quando nasce de novo pelo Espírito de Deus. Todos nós temos uma parte de cana e uma parte de pedra. Antes que Jesus viesse, *todos* nós éramos cana. Em nossa carne não habita bem algum. Somos apenas carne. Quando Jesus chegou em nossa vida, a verdade de 2 Coríntios 5.17 entrou em vigor, e todas as coisas velhas passaram. Jesus entrou em nosso espírito e nos tornamos herdeiros de Deus e co-herdeiros com Cristo (Rm 8.17). Agora temos todo o poder sobre o inimigo (Lc 10.19) e somos uma nova criatura.

Pedro esqueceu-se de que ainda era Simão. Ao falar com Jesus, ele parecia a pedra: "Eu estou pronto a ir contigo para a prisão e para a morte". Outro discurso de "pedra" pode soar assim: "Senhor, vou crer em minha cura, mesmo que não possa ver bem sem óculos". "Senhor, não vou comer nada durante quarenta dias." "Senhor, eu nunca mais vou me rebelar contra o Senhor, de modo algum." A natureza de pedra realmente pretende cumprir essas promessas, mas a natureza de cana nos fará cair, se não lidarmos corretamente com ela.

Nós consideramos o discurso de Pedro – "Senhor, eu estou pronto a ir contigo para a prisão e para morte" – apenas como ostentação de orgulho. Na realidade, havia um grande elemento de amor. Essa era sua concepção do poder de Deus. É por isso que ele havia conseguido caminhar sobre as águas com Jesus – ele conhecia o poder de Jesus. Havia visto a glória de Jesus com Moisés e Elias no monte. Conheceu o poder de Jesus para libertar o menino endemoninhado no vale.

Em João 13.37, 38, Jesus diz a Pedro: "Você vai me negar três vezes." "Mas eu darei a minha própria vida por Ti!", respondeu Pedro. "Você vai me negar", Jesus disse-lhe novamente. O capítulo 13 termina aqui. Mas é bem possível que essa divisão esteja no lugar errado e que o restante da passagem, inclusive João 14.4, tenha sido especificamente para Pedro. Nesse caso, Jesus prossegue dizendo a Pedro: *"Não se turbe o vosso coração; credes em Deus, crede também em mim... pois vou preparar-vos lugar"*. Era o coração de Pedro que estava preocupado:

"O Senhor quer dizer que eu vou negá-lo?"

"Está tudo certo, filho, vou cuidar disso. Você vai cometer muitos erros, mas já orei por você e logo eu vou recebê-lo."

Jesus confortou a Pedro. Contudo, é interessante observar que em todas as referências à negação de Pedro, Jesus o advertiu chamando-o de "Simão".

"Simão, Simão – cana, cana." E Pedro se lembra de três anos antes:

"Do que Tu estás me chamando? Chamas-me de Pedro. Tu não te lembras de como me chamavas? Eu sou mais que vencedor. Meu nome é Pedro – pedra."

Paulo também era uma pedra, mas mesmo assim compreendeu que tinha de contender com sua velha natureza, pois em Romanos 7.18 ele diz: *"Porque eu sei que em mim, isto é, na minha carne, não habita bem nenhum..."* O segredo está em colocar a carne em sujeição ao Espírito. Esse é o segredo da vitória de Jesus sobre o inimigo!

Pedro também precisou sujeitar sua carne; ele dormia quando deveria estar orando. Frequentemente ouço "pedras" dizerem: "Quem precisa orar? Eu tenho fé!"

"Simão, Simão, eis que Satanás [o adversário] *vos reclamou..."* [no grego a ênfase é "exigiu"] (Lc 22.31). Evidentemente,

Jesus quis dizer que Satanás havia ido a presença de Deus e acusado Pedro diante dele. Obviamente o Pai alertou a Jesus sobre isso, através do Espírito Santo, e então Jesus intercedeu a favor de Simão antes que o fato ocorresse. *"Eu, porém, roguei por ti..."* Não diz "eu rogarei", mas *"eu roguei"* "...para vos peneirar como trigo" (Lc 22.31). "Simão, ele encontrou palha em você. Aquela natureza de cana ainda está aí, e ele quer dominar você." *"Eu, porém, roguei por ti, para que a tua fé não desfaleça; tu, pois, quando te converteres, fortalece os teus irmãos"* (Lc 22.32).

Jesus sempre sabe quando você vai tropeçar, assim como sabia de antemão que Pedro ia cair.

Quando o Senhor salvou você, já sabia todas as vezes que você o negaria e que cederia ao tentador. Sabia e orou por você antes dessas coisas acontecerem. Viu outras coisas que poderiam atormentar e ferir você. Contudo, Ele continua defendendo-o diante do Pai e intercedendo a seu favor; por isso você vai sendo transformado em sua imagem.

O Senhor sabe todas as vezes que você vai falhar com Ele. Você pode dizer: "Isso mesmo. Agora acabou tudo. Ponto final!" Mas com o Senhor não é ponto final, é apenas uma vírgula. Jesus sabia que Pedro o negaria, mas isso seria apenas uma "vírgula" e não um "ponto final" no relacionamento de Pedro com o Senhor. Aleluia! É por isso que Jesus está continuamente intercedendo por nós.

O sangue da aspersão

Mas tendes chegado ao monte Sião e à cidade do Deus vivo, a Jerusalém celestial... e a Jesus, o Mediador da nova aliança, e ao sangue da aspersão que fala cousas superiores ao que fala o próprio Abel (Hb 12.22-24).

A *Nova Versão Internacional* diz: "... sangue aspergido, que fala melhor do que o sangue de Abel".

O "sangue da aspersão" é importante. O sangue do cordeiro da expiação, que era oferecido uma vez por ano (*Yom Kippur*) na nação de Israel (Lv 16), era aspergido sobre o propiciatório, no Santo dos Santos, onde o sumo sacerdote entrava, no Dia da Expiação. Jesus, como nosso sumo sacerdote no céu, derramou seu sangue uma vez no Calvário.

"O sangue da aspersão" refere-se ao sangue do propiciatório. Os capítulos 9 e 10 de Hebreus descrevem claramente como o sumo sacerdote, sob a lei, entrava no tabernáculo feito por homem; mas Jesus entrou no templo celestial não com o sangue de touros e bodes, mas com o próprio sangue, para apresentar-se na presença de Deus *por nós*.

Jesus está se apresentando agora na presença de Deus por nós, a nosso favor, como nosso Advogado, um representante legítimo e defensor.

"... ao sangue da aspersão, que fala cousas superiores ao que fala o próprio Abel." O sangue derramado fala! Em Gênesis 4.10, quando Deus disse a Caim *"A voz do sangue de teu irmão clama da terra a mim"*, Ele não estava falando figurativamente. Deus pode ouvir o som do sangue derramado; o sangue clama a Deus. O sangue de Abel clamou: "Vingança! Vingança! Julgamento!" Então, Deus determinou o castigo de Caim, uma marca de banimento e exílio. Ele foi enviado para a terra de Node, por causa do assassinato de seu irmão.[1]

O "sangue da aspersão", que é o sangue de Jesus no propiciatório no céu, fala "coisas melhores que o de Abel". Ele fala uma palavra melhor do que o sangue de Abel falou. Não clama por vingança, mas por misericórdia. Nós vencemos o Diabo pelo sangue do Cordeiro e pela palavra da nossa concordância verbal aqui na Terra; e quando o Diabo nos acusa diante de Deus, no céu, Jesus vence o Diabo pelo seu sangue sobre o propiciatório. É o testemunho de Jesus a respeito do sangue e nossa aceitação do sangue que vencem o Diabo.

Satanás pode dizer: "Olha o teu servo; veja aquelas áreas de sua vida". Se algo que ele disse é verdade, Deus não pode dizer: "Is-

so está absolutamente errado". Satanás apela para a santidade legal de Deus, que exige julgamento pelo pecado. Então, na sala de tribunal divina, o Juiz (Deus) olha para o Advogado (Jesus), depois que o promotor (Diabo) apresentou o caso e pergunta:
"O que tens a dizer?"
"Eu derramei meu sangue por Davi e ele aceita meu sangue", responde o Advogado.
"Isso é que tudo que tens a dizer?"
"Sim, isto é tudo que tenho a dizer."
"Caso encerrado", declara o Juiz.

No Velho Testamento, no Santo dos Santos, o propiciatório ficava sobre a Arca da Aliança, entre os querubins. Deus disse que Ele habitaria "sobre o propiciatório".

Assim, diante de Deus, o Pai, está o sangue de Jesus. 1 Pedro 1.18, 19 nos diz:

> *Sabendo que não foi mediante cousas corruptíveis... que fostes resgatados... mas pelo precioso sangue... o sangue de Cristo.*

Se eu não fui redimido com coisas corruptíveis, mas pelo sangue, então o que esse sangue é? Incorruptível! Não sujeito à morte! Esse sangue sobre o propiciatório é tão vivo como aquele que fluía nas veias de Jesus. Ele diz: "Misericórdia! Misericórdia!" Ele diz uma palavra superior. Satanás é amordaçado diante do Pai. Ele fica sem poder dizer nenhuma palavra.

O Pai de Misericórdia e Deus de todo o conforto é o seu papel legal de Justiça. Isso me faz lembrar de um hino maravilhoso escrito por Charles Wesley:

O Pai o ouve orar,
O seu querido Ungido;
Ele não pode se afastar
Da presença de seu Filho.
Seu Espírito responde ao Sangue,
Seu Espírito responde ao Sangue,

E me fala que eu nasci de Deus.
Cinco feridas sangrando Ele sofre,
Recebidas no Calvário.
Elas vertem orações poderosas;
Eles intercedem fortemente por mim.
Perdoa-lhe, Oh! Perdoa-lhe, elas clamam.
Perdoa-lhe, Oh! Perdoa-lhe, elas clamam.
Não deixe esse pecador resgatado perecer.

"Quem os condenará?" (Rm 8.34),pergunta. Cristo intercede por nós à mão direita do Pai. Ele faz intercessão a nosso favor. se coloca em nosso lugar. O Pai nos olha através dele, e Jesus diz: "Eu derramei meu sangue e Ele aceita o meu sangue". Enquanto estivermos sob a cobertura desse sangue, teremos uma salvação maravilhosa, contínua e perfeita. Jesus intercede por nós com base em seu sangue.

Jesus vence o acusador no céu pelo sangue do Cordeiro e pela palavra de seu (Jesus) testemunho. Jesus vence o acusador no céu a nosso favor. Toda vez que Satanás nos acusa diante do Pai, Jesus é nosso Advogado legal e o representante técnico à mão direita do Pai. Ele reivindica os méritos de seu sangue. O Pai nos aceita diante dele, mesmo com todas as nossas faltas e fracassos, nossos pecados e imperfeições, por causa da justiça perfeita de Jesus e porque verdadeiramente desejamos estar agradando a Deus. Todas as vezes que Satanás acusa os santos diante de Deus ele é repreendido por Jesus, que está à mão direita do Pai.

Para fazer um resumo deste capítulo, eu gostaria que você se lembrasse de que nas três principais estratégias de ataque do inimigo contra você, ele aparece como:

1. tentador
2. enganador
3. acusador

Repita o seguinte decreto de libertação para sua alma: "Pelo sangue do Cordeiro e pela palavra de meu testemunho eu posso vencer o tentador, o enganador e o acusador."

Diga com determinação em seu coração:

"Não vou deixar que *o tentador* me vença."
"Não vou deixar que *o enganador* me vença."
"Não vou deixar que *o acusador* me vença."

---

[1] Para fazer um estudo mais detalhado sobre Caim e Abel, veja o capítulo 3, intitulado "Por que Deus aceitou a oferta de Abel", do livro *Como Compreender o Sangue de Cristo* (Sovereign World).

Capítulo 3
Vencendo Satanás
Quando ele acusa outros perante mim

Agora, vamos estudar como vencer o acusador quando ele acusa os irmãos cristãos perante nós. Note o teor do que diz a Bíblia em Apocalipse 12.10, 11:

Então, ouvi grande voz do céu, proclamando: Agora, veio a salvação, o poder, o reino do nosso Deus e a autoridade do seu Cristo, pois foi expulso o acusador de nossos irmãos, o mesmo que os acusa de dia e de noite, diante do nosso Deus. Eles, pois, o venceram por causa do sangue do Cordeiro e por causa da palavra do testemunho que deram e, mesmo em face da morte, não amaram a própria vida.

Muitos cristãos se tornam ineficazes quando Satanás se levanta contra eles no papel do acusador dos irmãos. Nessa função ele acusa um crente perante outro. Quando ele nos acusa perante Deus, Jesus vence esse ataque a nosso favor, todas as vezes, perfeitamente. Se pelo menos vencêssemos Satanás na mesma medida que ele acusa os outros perante nós! Temos de aprender a reconhecer as atividades de Satanás quando ele acusa os irmãos e a derrotá-lo quando ele usa nossa boca como instrumento para acusar os outros.

Muitas divisões e discórdias na Igreja hoje são causadas pela acusação que Satanás lança contra um cristão aos ouvidos de seu irmão. Às vezes, inconscientemente, tornamo-nos instrumento de Satanás e expressamos as palavras dele. O maior impedimento para a unidade na Igreja hoje não é diversidade de doutrina, filiação ou diferenças de credo, mas a discórdia entre os cristãos. Satanás luta contra a unidade na Igreja. Quando a Igreja se unir e assumir sua plena estatura como um homem maduro, então todos os homens saberão que somos os discípulos de Jesus por causa do amor que temos uns pelos outros.

Quão sutilmente o acusador trabalha para encher nossa mente de acusações contra os outros. Muitas vezes pensamos que podemos aceitar as sugestões do acusador sobre nossos irmãos como discernimento de Deus e erroneamente chamamos esse processo de "dom de discernimento". (Não há dom de discernimento geral. Há, porém, um dom específico de discernimento de espíritos).

Vamos nos lembrar de que a palavra *diabolos* da qual nós obtemos a palavra "diabo", significa "alguém que acusa outro em uma sala de tribunal". Outro significado é "caluniador". Satanás significa primeiramente "adversário", mas em outro sentido também significa "acusador". Acusação descreve sua natureza. Acusar é o principal papel de Satanás de ataque contra a Igreja. Ele é tão sutil que, muitas vezes, nem percebemos que está nos atacando.

Ora, as obras da carne são conhecidas, e são... porfias, ciúmes, iras, discórdias, dissensões, facções... (Gl 5.19, 20).

"Dissensão" significa "divisão" ou "facção". As "obras da carne" só podem entrar na Igreja através do crente. Muitas vezes, por ignorância, nos rendemos ao acusador e permitimos que ele nos use como instrumento para criar dissensão.

Frequentemente, o espírito de condenação tem invadido o corpo de Cristo. Uma razão para isto é que a voz do acusador, muitas vezes, vem do próprio púlpito. O povo de Deus tem carregado um pesado jugo de escravidão.

O apóstolo Paulo disse em Gálatas 5.15:

> *Se vós, porém, vos mordeis e devorais uns aos outros, vede que não sejais mutuamente destruídos.*

Ainda hoje as pessoas se mordem e se devoram umas às outras no corpo de Cristo, consumindo-o por dentro. Os pregadores são os principais culpados. Em algumas comunidades há, na verdade, pouca comunhão, mas muitas calúnias e agressões. Um irmão se levanta contra outro ou calunia o nome de um ministro mais popular. Em Marcos 7.20-23 Jesus diz:

> *E dizia: O que sai do homem, isso é o que o contamina. Porque de dentro, do coraçao dos homens, é que procedem os maus desígnios, a prostituição, os furtos, os homicídios, os adultérios, a avareza, as malícias, o dolo, a lascívia, a inveja, a blasfêmia, a soberba e a loucura. Ora, todos esses males vêm de dentro e contaminam o homem.*

O que é um *olho mau*? É olhar para uma pessoa e imediatamente pensar mal dela. Olhamos para uma pessoa apenas para descobrir o que está errado com ela. Desejamos ver o mal que reflete.

Um olho mau está em ação quando uma pessoa que não tem nenhuma base para o juízo olha para alguém e imediatamente o julga pela aparência externa. Em 2 Coríntios 5.12 Paulo falou sobre *"os que se gloriam na aparência e não no coração"*. Isso é o que a Bíblia chama de "olho mau". É olhar para alguém com suspeita. O acusado não fez nem disse nada. Não se sabe nada de primeira mão sobre a pessoa. Isso é um olho mau. Ele contamina não apenas o indivíduo que tem o olho mau, mas o corpo inteiro. A suspeita é muito contagiosa.

Em certa igreja, alguém me disse:
"Eu tenho o dom de discernimento, e estou discernindo um espírito muito ruim sobre você."

Pouco depois, percebi que essa pessoa não tinha uma revelação do Senhor, apenas a simples e velha suspeita. Um olho mau é uma operação espiritual, mas não vem do Espírito Santo. Sua fonte é o acusador dos irmãos.

Em Provérbios 6.16-18, Salomão disse:

Seis coisas o Senhor aborrece, e a sétima a sua alma abomina.

Ele está dizendo que Deus odeia seis pecados específicos, mas o sétimo é diferente. É claro que o Senhor odeia todos os sete pecados, mas o sétimo da lista é uma abominação especial diante de Deus. Nessa lista Ele fala sobre orgulho, homicídio, mentira, maldade... mas a sétima coisa, a maior abominação diante de Deus, é *"o que semeia contendas entre irmãos"*. É difícil acreditar que Deus odeia quem semeia discórdia na Igreja mais do que despreza assassinatos no mundo, porém um homem cheio de sabedoria disse que é assim.

Julgue com justo juízo

O apóstolo Paulo reprovou aqueles que se gloriavam na aparência e não no coração:

... para que tenhais o que responder aos que se gloriam na aparência e não no coração... Assim que, nós, daqui por diante, a ninguém conhecemos segundo a carne... (2 Co 5.12, 16).

Não devemos julgar um homem, um ministro ou um irmão em Cristo de acordo com a carne – em outras palavras, pelo exterior. Muitas vezes, avaliamos a eficiência de um ministério por seu crescimento externo, ou por seu tamanho numérico, ou através do crescimento financeiro, ou ainda por algum outro aspecto natural – o carro que o ministro dirige, o tipo de roupas que ele usa etc. Temos a tendência de julgar o sucesso do ponto de vista natural. Só porque um ministério tem prosperado não significa necessariamente que seja de Deus.

O sucesso necessariamente não significa piedade, ainda que, no final dos tempos, a prosperidade econômica será um dos sinais da Igreja. Paulo disse a Timóteo que o sucesso financeiro durante os últimos tempos seria muito popular e que a piedade seria um meio de lucro (1 Tm 6.5). Quanto mais riqueza um ministro acumula hoje, mais religioso ele é considerado. Não deveríamos julgar a eficiência do ministério de uma pessoa por esses padrões! Temos de aprender a *julgar com justo juízo.*

Recentemente ouvi um irmão dizer:
"Satanás não está lutando contra a unidade."
"O que você quer dizer?", perguntei-lhe.
"Satanás tem os cristãos que fazem isso no lugar dele", respondeu-me.

Na verdade, é Satanás por trás dos cristãos que está devorando um ao outro. Precisamos olhar para a Palavra e deixar que nos mostre onde estamos permitindo que o acusador dos irmãos nos use para facilitar sua atuação.

João 7.24 afirma:

Não julgueis segundo a aparência, e, sim, pela reta justiça.

Se você julgar pela aparência, é o deus deste mundo que pode estar influenciando seu juízo. *Julgue com justo juízo.* Não conheça nenhum homem segundo a carne. Não julgue um ministro ou um irmão segundo a carne.

Uma senhora me contou sobre um pregador muito obeso de cujo ministério havia recebido muitas bênçãos. Eu disse a ela:
"Você sabe que deve haver algo errado por causa da aparência física dele."

Eu nunca me esqueci do que ela disse:
"Sim, mas aprendi a não avaliar o espírito daquele homem pela aparência externa. Sei que em sua vida pessoal pode haver algo que não está como deveria, mas entendi que não devo julgar pela aparência. Tenho aprendido a receber no Espírito o que Deus tem para mim

através do ministério dele."

Ela estava julgando com justo juízo. Somos muito lentos para perceber as coisas espirituais, mas Jesus não fez assim!

Normalmente, quando alguém me pede para discernir algo no Espírito, demoro algum tempo para obter o discernimento. Eu disse a um profeta que estava tendo problemas de fístula. Imediatamente ele respondeu:

"Isso começou a acontecer com você quando tinha doze anos", e continuou a me contar outras coisas.

Ele não tinha como saber que, quando eu estava na sexta série, tive um ataque de fístula, fui hospitalizado e perdi vinte e nove dias de aulas. Esse irmão tinha uma "compreensão rápida no temor do Senhor". Assim, ele prontamente recebeu uma revelação sobre minha condição.

Meu fluxo de revelação não é tão rápido, e preciso aprender a não julgar de acordo com a aparência. O Senhor está tendo de me ensinar em relação a isso.

Podemos nos ver facilmente dizendo:

"Sim, esse irmão é dado a isto ou aquilo. Ele é muito superficial."

O tempo todo pensamos que estamos nos comportando espiritualmente, quando, de fato, estamos agindo na carne. Se queremos nos tornar perfeitos e maduros, temos de ser cegos para a aparência natural. Não devemos julgar pela aparência externa, mas com justo juízo.

"O que você acha do ministério desse homem?", perguntam-me frequentemente.

Se respondo "Bem, ouvi falar algo sobre ele", eu poderia facilmente depreciá-lo. Embora não perceba isso, posso tê-lo colocado em uma categoria negativa.

Tenho aprendido que todo pregador tem uma noite ruim. Eu costumava dizer: "Vou ouvir essa pessoa uma vez". Agora digo: "Vou ouvir essa pessoa duas ou três vezes antes de formar uma opinião sobre ela".

Há vários anos fui ouvir um evangelista famoso. Na ocasião,

sentia que dele fluía orgulho e arrogância. Saí de lá orando: "Oh, Deus, como podes estar nisso? Eu não consigo perceber nada de ti nisso e não entendo por que outros veem tanta coisa nele". Minha paz acabou e minha vida de oração não estava fluindo entre eu e o Senhor. Depois de vários dias, sempre que louvava o Senhor, era um som vazio e oco. O Senhor me fez lembrar: "Bem-aventurados os limpos de coração, porque verão a Deus". Eu me arrependi e endireitei meu coração em relação àquele ministro e fui assistir a outra de suas reuniões. Deus me deu a oportunidade de avaliar o homem e seu ministério corretamente. Purifiquei meu coração diante de Deus e pude ignorar as coisas externas, deixando que Deus tratasse delas. Então, vi a Deus! Fiquei emocionado e vi Deus fazer grandes coisas. Aprendi algo importante em relação aos pregadores: não há ninguém que seja só trigo. Todos nós somos uma mistura. Não há nada em nosso ministério hoje que seja totalmente bom ou totalmente mau. É claro que há falsos profetas, mas estou falando daqueles que estão servindo ao Senhor. Devemos provar todas as coisas, reter a parte boa e abster-nos de toda aparência do mal – de tudo que é joio.

Certa vez, um cristão me disse:

"Eu simplesmente adoro suas fitas. Já ouvi trinta ou quarenta delas. Mas uma me desagradou tanto que não consegui mais ouvir nenhuma delas."

Ele estava discordando de uma coisa tão sem importância que fiquei surpreso com essa forte reação.

"Você precisa entender que eu sou apenas um homem como você. Meu ensino tem algumas partes de Deus e outras que são minhas, e você apenas deve aprender a pesar, a avaliar e a julgar com justo juízo. Mas não deixe que o acusador me lance fora por causa de uma coisa pequena", respondi-lhe.

Efésios 4.32 nos diz: *"Antes, sede uns para com os outros benignos..."* A palavra "benigno" é a mesma usada em Mateus 11.30 quando Jesus disse: *"Meu jugo é suave"*. Deve ser suave estar sob o jugo um com o outro.

Tenho ouvido algumas pessoas dizerem:

"Esse ministro não tem nada para falar."
Então, vou ouvi-lo já com uma noção preconcebida e um juízo ao qual eu cheguei sem conhecer seu ministério. Tenho percebido que, às vezes, a própria pessoa de quem eu ouvi falar mal vai ministrar para mim de maneira muito bonita. Estou aprendendo lentamente, mas com segurança, a julgar pelo justo juízo. Vejamos o Evangelho de João, onde Jesus julgou com justo juízo:

Estando ele em Jerusalém, durante a festa da Páscoa, muitos, vendo os sinais que ele fazia, creram no seu nome: mas o próprio Jesus não se confiava a eles, porque os conhecia a todos. E não precisava de que alguém lhe desse testemunho a respeito do homem, porque ele mesmo sabia o que era a natureza humana (Jo 2.23-25).

Toda vez que você disser "Que tal este fulano? O que você acha dele? O que você sentiu a respeito dela?", pense nesse versículo. Jesus não agia assim. Ele *"não precisava de que alguém lhe desse testemunho a respeito do homem"*. Não precisava que ninguém lhe contasse como era tal pessoa. Você nunca ouviria Jesus fazer uma pergunta como: "Pedro, você tem notado alguma coisa estranha em João ultimamente? Eu estava apenas me perguntando". Jesus não precisava que ninguém lhe desse testemunho sobre outra pessoa. Já sabia o que havia em todas as pessoas.

Porque, quanto ao Senhor, seus olhos passam por toda a terra, para mostrar-se forte para com aqueles cujo coração é totalmente dele... (2 Cr 16.9).

Sabemos que os olhos de Deus estão sempre sobre os justos, de acordo com Salmo 34.15, e mesmo assim ainda tem de examinar a Terra toda para achar aqueles cujo coração é perfeito para com Ele. Deus julga as atitudes de coração, e nós devemos julgar com um justo juízo.

Se um irmão ou irmã tropeçar em pecado, precisamos julgar com justo juízo. Quando um ministro errar, imediatamente você ouve todos os outros ministros falarem sobre ele. Tenha cuidado com o tipo de juízo que você faz, porque Deus vai julgá-lo na mesma medida. Quando ouvimos falar algo ruim de alguém, como somos rápidos para avaliar, imaginar e formular nossa opinião sobre ele, mesmo antes de levarmos isso a Deus em oração! Somos muito rápidos para julgar pelo que vemos com os olhos. Deus quer nos usar para o justo juízo e não que sejamos usados pelo acusador.

Tenho ouvido coisas terríveis sobre ministros. Poderia pensar que eles são verdadeiramente ruins e que deveriam se arrepender imediatamente. Então, depois de alguns anos de viagem, ouvi os boatos de que algumas pessoas estavam dizendo que eu tinha um Cadillac na garagem, que possuía duas casas e que havia praticado coisas terríveis. Nunca tive carro, muito menos um Cadillac e não possuía uma casa, muito menos duas. Eu disse: "Deus, essas coisas que as pessoas estão dizendo são terríveis. Elas estão mentindo". O Senhor deixou passar durante algum tempo enquanto eu estava orando sobre isso. Então, de repente, lembrei-me de que alguém havia me contado algumas fofocas: "Você ouviu falar de tal irmão assim e assim? Ele faz isto e faz aquilo e aquiloutro". O Senhor me fez lembrar como eu havia sido rápido em acreditar naquela conversa. Eu me arrependi.

Crescemos aprendendo como avaliar e julgar conforme o natural, e é difícil aprender a julgar conforme o espiritual. Um exemplo dessa verdade é encontrada em Atos 9, mas vamos introduzir minhas observações sobre o tratamento de Saulo.

Pensamos frequentemente na Igreja de Novo Testamento como perfeita. *Mas ela estava longe da perfeição!* Em Atos 9 há um exemplo de como Satanás acusou um irmão perante outros cristãos e causou suspeita e rejeição. Se não fosse um homem, Barnabé, que soube julgar com justo juízo, Saulo poderia ter sido ferido para sempre.

O capítulo 9 de Atos conta a história de Saulo, um zelote impetuoso. Jesus o confrontou na estrada para Damasco com uma luz deslumbrante.

Jesus apareceu a Ananias e lhe disse para ir *"à rua que se chama Direita, e, na casa de Judas, procura por Saulo, apelidado de Tarso, pois ele está orando"* (Atos 9.11). Ele estava disposto a ir? Não, ele começou a dar para Deus um relatório de notícias imediatamente: "Senhor, tu não tens ouvido as coisas terríveis que este homem tem feito aos teus santos em Jerusalém?" Ananias argumentou com o Senhor. Mas o Senhor lhe disse: *"Vai, porque este é para mim um instrumento escolhido..."* O Senhor não é muito dado às explicações, Ele apenas diz: *"Vai"* e então também diz a Ananias as coisas que Saulo tem de sofrer. Aquele dia Saulo se tornou um crente vibrante.

"Tendo (Saulo) chegado a Jerusalém, procurou juntar-se com os discípulos; todos, porém, o temiam, não acreditando que ele fosse discípulo" (Atos 9.26). As Escrituras não dizem: "Quando Paulo chegou," mas dizem: "Quando *Saulo* chegou" (ARC). Ele ainda era não reconhecido. É difícil para mim imaginar que os cristãos nunca citavam Paulo, mas era este o caso.

Vamos usar nossa imaginação em relação à tentativa do novo convertido para se juntar aos discípulos:

"Mas me arrependi! Eu vi uma luz deslumbrante na estrada."

"Havia alguns dos irmãos com você quando isso aconteceu?"

"Não, eu ainda não era cristão, por isso certamente não estaria com cristãos quando isso aconteceu."

"As Escrituras dizem que pela boca de duas ou três testemunhas toda palavra será estabelecida."

"Mas realmente me arrependi. Eu sinto muito por todo dano que causei, e fui perdoado por haver lançado seus parentes na prisão."

Imagine tudo o que ele teve de superar!

Não havia perdão nem confiança para esse novo irmão. Eles tinham parentes e amigos que estavam na prisão por causa do trabalho de Saulo contra eles. Nós vemos neles a acusação de Satanás. Se havia uma coisa que Satanás não queria, era que Saulo se tornasse uma parte ativa da Igreja. Ele faria tudo o que pudesse para manter

Saulo distante. Satanás rodeou por ali sussurrando-lhe nos ouvidos: "Ele não é um crente!" "Não lhe deem ouvidos". "Não acreditem nele". "Este é o homem que está espionando a Igreja." "Ele é o líder dos perseguidores da Igreja". "Tenham cuidado, não sejam muito cordiais com ele". Sussurros. Sussurros. Os sussurros de Satanás fizeram com que os cristãos tivessem medo de Saulo.

Saulo não recebeu muitos abraços quando chegou em Jerusalém. Sei como ele se sentiu. Imagino que ele recebeu alguns abraços como os que eu tenho recebido! Vou para um lugar novo e me sinto em evidência. Então, logo vêm os presbíteros. Oh, sim, eles querem abraçá-lo. (Eu preferiria apenas continuar com o velho aperto de mão). Louvado seja Deus pelos presbíteros! Em cinco segundos eles esperam que eu dê um resumo de todo meu passado. Eles me dão uma olhada, examinando-me da cabeça aos pés e perguntam: "Você é casado?" "Você paga suas contas?" Eles me interrogam como verdadeiros detetives, em vez de orar por mim antes da reunião. Eu me sinto como um boi que vai para o matadouro ou como um cordeiro diante de seus tosquiadores. A linha de pensamento deles parece ser que ninguém pode expulsar demônios em nome de Jesus se não segui-los.

Você pode se imaginar no lugar de Saulo? *"... todos, porém, o temiam, não acreditando que ele fosse discípulo"* (At 9.26). E você não imagina que ele teria acabado com tudo se houvesse dito: "Eu vou pregar perante os reis. Milhares de gentios serão salvos pela minha pregação"?

Mas graças a Deus por Barnabé, que venceu as mentiras do acusador aos seus ouvidos, pelo poder do sangue de Jesus, para aquele novo discípulo:

Mas Barnabé, tomando-o consigo, levou-o aos apóstolos; e contou-lhes como ele vira o Senhor no caminho, e que este lhe falara, e como em Damasco pregara ousadamente em nome de Jesus. Estava com eles em Jerusalém, entrando e saindo... (At 9.27, 28).

Esse querido irmão não julgava pela aparência externa. Não julgou de acordo com o passado de Saulo. Ele sabia julgar com justo juízo.

Uma vez, me pediram que ensinasse em uma certa cidade e um irmão disse sobre mim:

"Bem, não sei nada sobre ele. Eu não concordo com ele em nada. Uma vez tive uma restrição sobre ele em uma certa área."

Outro cristão olhou para ele e comentou:

"Bem, eu tenho várias restrições sobre você desde o princípio!"

É tão fácil procurar algo negativo! Vamos às reuniões e vemos o que podemos achar de errado em um ministro. Em Romanos 14.4 pergunta-se:

Quem és tu que julgas o servo alheio? Para o seu próprio Senhor está em pé ou cai; mas estará em pé, porque o Senhor é poderoso para o suster.

Em relação aos irmãos e às irmãs em Cristo, todos eles são servos de outro homem. Eles são servos do Senhor Jesus. Assim, quem sou eu para emitir meu juízo sobre eles? Eles vão comparecer perante o tribunal de Cristo; então, quem sou eu para julgar o servo do Senhor?

Em Romanos 14.10 há uma pergunta: "Tu, porém, por que julgas a teu irmão? E tu, por que desprezas o teu?" Quantas vezes somos culpados por perguntar aos outros: "Você ouviu aquele pregador? Ele está certo?" Muitas vezes a resposta é: "Bem, eu acho que ele está certo". Esta resposta o estabelece como ninguém.

Um famoso ministro cometeu uma tolice no púlpito. Fiquei intrigado com ele e uma vez perguntei para outro mestre muito conhecido sobre ele:

"O que você pensa dele?", perguntei.

O homem me olhou e comentou:

"Ele é problema de Deus!"

Isso está absolutamente correto! Aquele homem não tem de se

levantar e dar um relato para você ou para mim. Qualquer pastor, é claro, tem de usar sabedoria e discernimento espiritual ao convidar pregadores para ocupar o púlpito de sua igreja.

Não nos julguemos mais uns aos outros; pelo contrário, tomais o propósito de não pordes tropeço ou escândalo ao vosso irmão (Rm 14.13).

Há algumas pessoas perto das quais não gostaríamos nem de sentar na igreja. Não diríamos isso, mas é verdade. Há algumas pessoas que preferimos evitar.

Jesus tinha liberdade com todo mundo. Ele podia sentar se com um publicano ou com um magistrado. Relacionava-se livremente com todas as pessoas, do maior ao menor.

Temos de nos arrepender por julgar do modo errado, porque temos nos submetido ao acusador. O único caminho pelo qual podemos vencê-lo é através do sangue de Cristo e pela palavra de nosso testemunho. Precisamos pedir para sermos purificados pelo sangue e então confessar os méritos do sangue de Jesus perante nossos irmãos e irmãs. Quando Satanás vier a nós dizendo "Olhe aquele ali, olhe esta aqui", deveríamos responder: "Eles aceitam o sangue de Jesus e são justificados por causa do sangue".

Alguns são mais fracos na fé que outros, e têm manchas evidentes em suas vestes. Muitas vezes, afastamo-nos deles quando poderíamos ministrar e restaurá-los. O exército cristão é o único que abandona seus feridos. Nas guerras do mundo, quando o companheiro de um soldado é ferido, ele arrisca sua vida e se desloca de seu lugar para o campo de batalha para apanhar seu amigo e levá-lo a um local seguro. Mas, se o irmão na linha de frente da batalha espiritual baixar a defesa de uma maneira ou de outra, permitindo que um dardo inflamado o atinja, muitas vezes os seus companheiros correm até ele e lhe dizem: "Por que você deixou o Diabo fazer isso com você?" e lhe dão um violento pontapé em seu lado já ferido.

Se um homem de Deus cair de uma maneira ou de outra, você

vai ouvir a justa indignação por toda parte caindo sobre esse homem. Os muitos anos que ele talvez tenha servido a Deus, as muitas tribulações e fardos secretos que suportou pela causa de Cristo são esquecidos. Somente a tragédia é lembrada. Muito tempo depois que Deus perdoou e esqueceu, as pessoas ainda se lembram. Mordemos uns ao outros como canibais.

Se vós, porém, vos mordeis e devorais uns aos outros, vede que não sejais mutuamente destruídos (Gl 5.15).

Não julgue para que não seja julgado. Julgue com o juízo errado, e ele se voltará contra você. De fato, essa pode ser a única razão por que a maioria de nós deseja parar de julgar do modo errado; também não gostamos de ser julgados do modo errado!

Prove os espíritos

As pessoas reconheceram a Jesus de Nazaré por sua aparência, por sua conduta e por suas características físicas durante alguns breves anos. Não podemos mais conhecê-lo desse modo; nós o conhecemos em Espírito. Não o conhecemos na carne, mas pela revelação do Espírito Santo. É assim também que devemos conhecer um irmão em Cristo.

Eu estava em reunião com um certo pastor. Após a reunião, tivemos um tempo de refeição e comunhão. Logo percebi que ia começar uma seção de perguntas e respostas – não era um tempo de comunhão coisa nenhuma: era um tempo para descobrir em que tipo de doutrina eu acreditava. Mas 1 João 4.1-4 deixa bem claro que devemos provar *os espíritos*:

*Amados, não deis crédito a qualquer espírito; antes, **provai os espíritos** se procedem de Deus, porque muitos falsos profetas têm saído pelo mundo fora.*

Prove os espíritos. Não julgue pela carne. Nenhum pregador convidado é estúpido o bastante para dizer algo obviamente controverso como: "Eu não creio que Jesus nasceu de uma virgem". Um falso mestre terá todas as respostas certas no princípio, introduzindo lentamente a heresia à medida que ele ganha a confiança das pessoas. Jesus ensinou que por fora um lobo parece ser uma ovelha. Não! Prove os espíritos para ver se eles são de Deus. Você não pode fazer isso muito bem, a menos que esteja no espírito certo.

Não julgueis segundo a aparência, e, sim pela reta justiça (Jo 7.24).

Se queremos ser capazes de vencer o acusador quando ele acusa outros para nós, temos de nos lembrar dessas boas perguntas de Paulo apresentadas em Romanos 14.10:

*Tu, porém, por que **julgas a teu** irmão? E tu, por que desprezas o teu?*

Um bom princípio para seguir a esse respeito é: *"Não nos julguemos mais uns aos outros..."* (versículo 13). "Julgar" nesse sentido significa "condenar". Em vez disso, devemos julgar no sentido de avaliar e ponderar sobre aqueles que trabalham entre nós. Paulo disse: *"Porém o homem espiritual julga todas as coisas"* (1 Co 2.15). Em sentido espiritual, devemos ponderar, mas não devemos condenar.

Se você se sente culpado por julgar, por permitir que o acusador dos irmãos use você sussurrando em seu ouvido, vença-o pelo sangue de Jesus. Não procure o mal em seu irmão ou irmã; procure o bem.

Quando as pessoas chegam para mim com uma atitude negativa, especialmente se não estou andando no Espírito, terei a tendência de reagir negativamente. Mas quando as pessoas vêm com uma atitude positiva – "Irmão, eu creio que Jesus Cristo está em você" (2 Co 13.5), ou "Eu vim aqui para ver Jesus" – eles extraem algo bom de mim. É tão bonito quando as pessoas podem receber uma palavra do Senhor!

Tenho assistido a muitas reuniões nas quais multidões são dominadas pelo acusador dos irmãos por causa de atitudes negativas que abrigam. Alguns vieram apenas para procurar o mal. Sempre haverá algo em uma pessoa com o qual não concordamos, ou com o qual não estamos em harmonia. Assim, em vez de olhar para aquilo com o que não concordamos, temos de começar a procurar Jesus Cristo naquela pessoa. Precisamos ter um boa impressão sobre ela e dizer: "Jesus Cristo está em você, a esperança de glória. Sei que você tem áreas em sua vida nas quais o Senhor está trabalhando e está resolvendo os problemas, mas estou crendo que vou ver Jesus Cristo em você".

Somos muito rápidos em julgar, dizendo: "Melhore ou então vai embora". Não vamos mais julgar uns aos outros. Julguemos pelo justo juízo.

Os crentes não devem se envolver em discussões. *"... andemos de acordo com o que já alcançamos"* (Fp 3.16). "Vamos viver em harmonia uns com os outros", Paulo está dizendo. Aprenda a não se entregar ao acusador dos irmãos quando ele acusa outros perante nós.

Vozes sutis também chegam até nós; temos de aprender a lidar com o acusador dos irmãos, que é um sussurrador de mentiras. Vejamos um exemplo.

Eu estou dirigindo em uma auto-estrada. De repente, ocorre-me um pensamento: "Você sabe, o irmão Fulano de Tal não reagiu muito bem da última vez que esteve lá". (Talvez ele não tenha se empenhado para demonstrar generosidade com você). "Você realmente deve ter cuidado com aquele homem". Satanás sussurrou isso aos meus ouvidos.

Se eu não discernir que essa voz está vindo de Satanás e rejeitá-la, o que vai acontecer? Satanás vai até esse outro irmão, a milhares de quilômetros e lhe diz: "Você sabe, David Alsobrook realmente não demonstrou muito amor por você, não foi?" Da próxima vez em que estivermos juntos, haverá uma parede entre nós. Haverá uma reserva. Meu cunhado, Jim Maloney, refere-se a essas reservas interiores como "sarampo do coração".

Não há um único pregador que não tenha tido o acusador dos irmãos trabalhando dobrado em seu lugar ao redor de outros ministros, em volta de outros cristãos, ao redor de outras comunidades e que não saiba o que é andar por aí com os olhos de todo mundo sobre ele. *"Não nos julguemos mais uns aos outros."* Isso não significa que não devemos avaliar corretamente os outros no Espírito. Mas o sentido da palavra "julgar" em Romanos 14.30 é "condenar" nossos irmãos e irmãs em Cristo. Devemos "julgar" uns aos outros apenas no sentido de averiguar a necessidade e ministrar sobre ela (veja Gálatas 6.1, 2).

Não julgue segundo a aparência

Duas passagens em Isaías falam sobre como Jesus iria julgar e como Ele não iria julgar. Seguir o exemplo que Jesus estabeleceu é sempre um princípio sábio.

Isaías 42.19 registra algumas palavras estranhas sobre o Servo que o Senhor diz que enviará:

> *Quem é cego, como o meu servo, ou surdo, como o meu mensageiro, a quem envio? Quem é cego, como o meu amigo, e cego, como o servo do Senhor?*

Não parece estranho que o Servo de Senhor seja cego? O mensageiro do Senhor deve ser surdo? Pense nisto: o mensageiro que Deus vai enviar será cego e surdo!

Entretanto, no versículo anterior lemos: *"Surdos, ouvi, e vós, cegos, olhai, para que possais ver"* (Is 42.18). Isso é exatamente o que aconteceu quando Jesus veio. O surdo ouviu e o cego viu. Porém, a Palavra diz sobre Ele que, embora tenha aberto os ouvidos do surdo e os olhos do cegos, é cego e surdo. Sabemos que isso não se refere à cegueira e surdez de seus olhos e ouvidos físicos, porque o versículo 20 diz:

> *Tu vês muitas coisas, mas não as observas [em outras palavras, vê muitas coisas, mas presta pouca atenção a elas]; ainda que tens os ouvidos abertos, nada ouves.*

"Quem é cego, como o meu servo, ou surdo, como o meu mensageiro, a quem envio?" A profecia se refere a Jesus. Esse paradoxo é um daqueles santos enigmas que, às vezes, achamos na Palavra de Deus. Vamos analisar de que maneira Ele é cego.

Os primeiros versículos do capítulo 11 de Isaías falam da primeira vinda de Jesus, e os últimos tratam da segunda vinda. O versículo 1 é uma das promessas messiânicas de Jesus, o ramo que brota da raiz de Jessé. O versículo 2 diz:

Repousará sobre ele o Espírito do Senhor, o Espírito de sabedoria e de entendimento, o Espírito de conselho e de fortaleza, o Espírito de conhecimento e de temor do Senhor.

Aqui estão os sete atributos do Espírito de Deus. João 3.36 afirma que Jesus recebeu o Espírito sem medida; isso significa não apenas em quantidade mas também em plena operação:

1. o Espírito do Senhor (Yahweh – o Pai) repousará sobre Ele
2. o espírito de sabedoria
3. o espírito de entendimento
4. o espírito de conselho
5. o espírito de poder
6. o espírito de conhecimento
7. o espírito do temor do Senhor

Lemos no Livro de Apocalipse (Ap 1.4; 3.1; 4.5; 5.6) sobre os sete espíritos de Deus, ou os sete aspectos do Espírito Santo.

Jesus recebeu o Espírito do Senhor; a pomba repousou sobre Ele para que pudesse curar os feridos e libertar os oprimidos (Lc 4.18). Ele tinha o espírito de sabedoria e de entendimento a fim de saber responder às perguntas dos escribas e fariseus. Ele usou o espírito de conselho e poder em seu ministério profético. Vejamos como Ele usou o espírito de conhecimento e do temor do Senhor.

Isaías 11.3:

Deleitar-se-á no temor do Senhor; não julgará segundo a vista dos seus olhos, nem repreenderá segundo o ouvir dos seus ouvidos.

Em que sentido Jesus seria cego? Ele *"não julgará segundo a vista dos seus olhos"*. Seus olhos físicos poderiam ver muito bem, mas Ele não tomaria decisões baseado apenas no que via. Como Ele era surdo? Da mesma maneira que Ele não iria proferir uma decisão baseado puramente no que seus ouvidos ouviram. *"Mas julgará com justiça"*. Mencionamos que o Evangelho de João diz como Jesus julgou:

Não julgueis segundo a aparência, e, sim pela reta justiça.

"Aparência" significa não julgar pelo que você vê com os olhos. Isaías 11.3, 4 encaixa-o perfeitamente com João 7.24.

Mas julgará [literalmente 'libertar'] com justiça os pobres...

O problema é que o acusador nos convence a sentar no tribunal como juízes. Somos culpados disso porque andamos segundo a aparência.

Tomemos mais um exemplo do Evangelho de João, que mostra como Jesus cumpriu as profecias de Isaías.

Os métodos de julgamento de Jesus são retratados em João capítulos 2 e 8. Isaías ensinou claramente que o Messias não julgaria pela vista dos olhos ou pelo que ouvisse com seus ouvidos, mas sim com justiça. Ele teria uma rápida percepção, um rápido conhecimento do temor do Senhor. João 2.23, 24:

Estando ele em Jerusalém, durante a festa da Páscoa, muitos, vendo os sinais que ele fazia, creram no seu nome; mas o próprio Jesus não se confiava a eles, porque os conhecia a todos.

Isso é realmente estranho. Ele está em Jerusalém na Páscoa, em um dia de festa, e tem uma importante reunião. Muitas pessoas acreditam nele quando vêem os milagres que faz. (Se Ele tivesse produzido uma revista sobre seu ministério, teria sido o encontro do mês!) De acordo com o olho natural, parece ser um grande sucesso. Ele é recebido magnificamente. Muitos estão crendo e vendo tremendos milagres. Esse é um grande momento, contudo, Jesus não demonstra nenhum orgulho em relação a esse acontecimento. *"Mas o próprio Jesus não se confiava a eles"*. Deve ter sido estranho para os seus discípulos. Jesus não ficou entusiasmado com nada disso *"... porque os conhecia a todos. E não precisava de que alguém lhe desse testemunho a respeito do homem, porque ele mesmo sabia o que era a natureza humana"*. Jesus não precisava que ninguém lhe dissesse como eram as pessoas.

A narrativa em João 2.25 encerra o capítulo, mas no texto original não ocorre nenhuma divisão de capítulo aqui. As palavras seguintes são de fato um exemplo de que Jesus sabia o que estava no homem:

> *Havia, entre os fariseus, um homem chamado Nicodemos, um dos principais dos judeus.*

Este homem é realmente importante. Ele é mestre de mestres, pregador dos pregadores. Ele é da elite espiritual de Jerusalém. Mesmo assim, Jesus lhe disse: "Nicodemos, você precisa nascer de novo". Jesus sabia o que havia no coração dele. Como sabia o que havia no coração desse homem? Porque o conhecimento do Senhor estava sobre Ele, o entendimento rápido no temor do Senhor. Ele não julgava pelos olhos naturais.

Jesus também não julgava "pelo ouvir de seus ouvidos". Possivelmente alguns disseram de Nicodemos: "Ele é uma das pessoas mais espirituais de Israel". Mas Jesus julgou com justiça. Ele viu o espírito dentro do homem, e esse estava realmente morto.

Outro exemplo é encontrado em João, capítulo 8, que cumpre a profecia de Isaías:

> *De madrugada, voltou novamente para o templo, e todo o povo ia ter com ele; e, assentado, os ensinava. Os escribas e fariseus trouxeram à sua presença uma mulher surpreendida em adultério e, fazendo-a ficar de pé no meio de todos, disseram a Jesus:*

Mestre, esta mulher foi apanhada em flagrante adultério. E na lei nos mandou Moisés que tais mulheres sejam apedrejadas; tu, pois, que dizes? Isto diziam eles tentando-o, para terem do que o acusar. Mas Jesus, inclinando-se, escrevia na terra com o dedo (Jo 8.2-6).

Ele não toma nenhuma decisão pelo que seus ouvidos ouvem. Ele vê muitas coisas e não presta atenção nelas, "como se Ele não tivesse ouvido". Ele abre os ouvidos dos surdos e contudo não ouve com os próprios ouvidos.

Alguns teólogos defendem a ideia de que esse incidente era uma armação. De acordo com esse ponto de vista, a mulher não era de fato uma adúltera, mas uma atriz. Os fariseus pretendiam embaraçar Cristo colocando-o em uma posição na qual Ele pronunciaria um juízo de adultério para uma pessoa inocente. As pessoas saberiam então que Ele não era um verdadeiro profeta, e seu ministério seria desacreditado para sempre. Porém, se a pessoa aceita a Palavra de Deus como sua regra de fé, aquela mulher certamente era adúltera como os fariseus disseram que ela era, porque Jesus a exortou a não pecar mais (versículo 11), afinal de contas seus juízes haviam deixado a cena.

A verdade é que os fariseus demonstraram seu fanatismo, hipocrisia e parcialidade, pois trouxeram apenas a mulher e não o homem. *"Mestre, esta mulher foi apanhada em flagrante adultério".* Bem, o que eles fizeram com o homem? Eles não o trouxeram. Moisés ensinou que ambas as partes deveriam ser apedrejadas. Porém, esses escribas e fariseus trouxeram apenas a mulher.

Note que Jesus estava no templo (versículo 2), e muitas pessoas estavam ao redor dele. As pessoas no templo conheciam a lei de Moisés. Elas eram governadas apenas pela lei. Jesus não podia explicar a nova aliança prestes a chegar e a graça de Deus. De fato, Jesus não conseguiria explicar a graça e a nova aliança nem mesmo aos seus discípulos mais íntimos. Ele disse em João 16.12, 13:

Tenho ainda muito que vos dizer, mas vós não o podeis suportar agora; quando vier, porém, o Espírito da verdade, ele vos guiará a toda a verdade...

Já que todos os homens estavam tão firmemente entrincheirados na convicção de que aquele que fosse circuncidado seria salvo, o Espírito Santo levou dez anos após o Pentecostes para ensiná-los que um gentio poderia ser salvo sem aquele rito. Portanto, Jesus não podia explicar a essas pessoas o propósito para o qual Ele foi enviado. Elas andavam pela Palavra, e a Palavra era apenas o Velho Testamento; e a lei dizia irrevogavelmente que o adúltero e a adúltera deveriam ser apedrejados até a morte sem misericórdia.

Jesus foi enviado pelo Pai não para condenar o mundo, mas para que o mundo fosse salvo por Ele (Jo 3.17). Ele foi enviado não para revelar a lei de Deus, mas a graça de Deus (Jo 1.17). Ele estava entre duas escolhas difíceis. Se Ele dissesse "Não a apedrejem", os presentes teriam dito "Este homem é um falso profeta", porque Ele estaria contrariando a lei de Moisés e teria caído no descrédito das pessoas. Se Jesus dissesse "Apedrejem-na", então Ele teria comprometido sua convicção e contrariado o propósito da sua missão, porque o Pai não o enviou ao mundo para condenar, mas para salvar o mundo. Ele não veio destruir, Ele veio salvar os que estavam perdidos (Lc 19.10). Certa vez, quando os discípulos disseram a Jesus "Eles não vão te receber aqui, tu queres que nós mandemos descer fogo do céu?" Ele respondeu: "Vocês nem sabem de que espírito são".

E na lei nos mandou Moisés que tais mulheres sejam apedrejadas; tu, pois, que dizes? Isto diziam eles tentando-o, para terem de que o acusar. Mas Jesus, inclinando-se, escrevia na terra com o dedo.

Eu acredito que Ele estava escrevendo vários versículos no chão sobre a sua misericórdia e seu amor.

No versículo 7, Jesus deu a resposta perfeita:

Como insistissem na pergunta, Jesus se levantou e lhes disse:

Aquele que dentre vós estiver sem pecado, seja o primeiro que lhe atire a pedra (Jo 8.7).

Quer dizer, "o pecador deve ser apedrejado, mas apenas por aqueles que não tiverem pecado". Isso até parecia bom de acordo com a Lei de Moisés. Ora, isso não faz sentido? Se você vai apedrejar um pecador, você, como atirador de pedra, deve estar sem pecado. Dizendo isso, Ele não refuta a Lei de Moisés nem compromete sua missão. O "Espírito de sabedoria e de entendimento" estava sobre Ele.

Os fariseus eram homens que não estavam prontos a admitir os próprios pecados. Na prática, eles disseram a Jesus: "Nós vemos, nós não somos cegos. Nós somos de Deus, tu és do Diabo", e assim por diante. Mas nesse caso Jesus fez uma coisa: no versículo 7, Ele disse que os que estavam sem pecado poderiam apedrejar o pecador, e então se inclinou novamente e escreveu um pouco mais no solo.

Mas, ouvindo eles esta resposta e acusados pela própria consciência, foram-se retirando um por um, a começar pelos mais velhos até aos últimos, ficando só Jesus e a mulher no meio onde estava (Jo 8.9).

Eles saíram um por um. Por que eles não saíram todos juntos? *"... a começar pelos mais velhos até aos últimos"*. Começando com o fariseu mais velho e terminando com o fariseu mais jovem.

Ele deve ter chamado a atenção do fariseu mais velho. Talvez, ao se inclinar, tenha escrito na areia em hebraico clássico, para que ninguém ao seu redor pudesse ler, mas apenas o culto fariseu. Talvez tenha escrito o seu principal pecado, o mais grave, e o condenara pelo que havia ouvido e visto – o seu próprio grande fracasso diante de Deus. Ele foi condenado pela própria consciência e saiu primeiro.

Então, Jesus olhou para o próximo da fila. Ele é o próximo "superjusto". Ele é alguém que, se perguntado "Você é justo?" responderia: "Oh, eu sou justo? Eu jejuo duas vezes por semana, eu dou dízimos de tudo que possuo". Jesus chamou sua atenção e escreveu seu pecado no chão. Condenado pelo que ouviu e pelo que leu, ele também saiu. Talvez Jesus tenha escrito o nome de alguém contra quem o fariseu tenha pecado. Somente aquele fariseu entendeu o que o nome significava quando aquele profeta estranho escreveu na terra.

Os que saíam naquele momento eram os mesmos que estavam arrastando a mulher pelas ruas pouco tempo atrás; aqueles que não relaxaram a mão que segurava os pulsos da mulher quando a arrastavam à presença de Jesus. Jesus continuou escrevendo no chão até que todos foram embora. Eles saíram um por um, a começar pelo mais velho até o mais jovem. O que escreveu cada um deles sabia que Ele não tinha como conhecer. Foi revelado por Deus a Jesus. Ele não podia tolerar pecado, mas o pecado dentro do corações daqueles homens era tão grande quanto o pecado da mulher adúltera, e todos deveriam ser apedrejados. Jesus não precisava de que ninguém lhe dissesse como era uma pessoa, porque sabia o que havia no coração do homem. Não julgava de acordo com a aparência, julgava com o justo juízo.

Então:

Erguendo-se Jesus e não vendo a ninguém mais além da mulher, perguntou-lhe: Mulher, onde estão aqueles teus acusadores? Ninguém te condenou? Respondeu ela: Ninguém, Senhor. Então lhe disse Jesus: Nem eu tampouco a condeno; vai, e não peques mais (Jo 8.10, 11).

"Onde estão aqueles teus acusadores?" Nós nos tornamos acusadores, instrumentos do acusador, sempre que julgamos através da aparência externa. Olhamos na carne em vez de buscar saber pelo Espírito. Jesus não olhava para uma pessoa e não julgava segundo a carne; Ele conhecia a pessoa segundo o Espírito.

Em 2 Coríntios 5.16, Paulo fala com a igreja dos coríntios que eles eram culpados de se gloriarem na aparência e não no coração. Eles eram culpados por pensar que eram uma super igreja com super apóstolos. Eles eram super operadores de maravilha. Eles se gloriaram nos homens. Pau-

lo disse: "Esse gloriar não é bom". Eles poderiam ter dito: "Você já esteve na reunião daquele pregador?" "Você já ouviu esse homem pregar?" Então, eles podem ter dado pouca atenção àqueles que eram verdadeiramente ministros de Deus. Até mesmo do próprio Paulo eles disseram: "Ele escreve boas cartas, mas a presença pessoal dele é fraca. É inexpressivo. Não é nem mesmo um bom orador."
Em resposta Paulo disse:

Assim que, nós, daqui por diante, a ninguém conhecemos segundo a carne; e, se antes conhecemos Cristo segundo a carne, já agora não o conhecemos deste modo (2 Co 5.16).

É por isso que não há nenhuma pintura original de Cristo hoje. Deus sabia que iríamos querer imitar a carne, considerando-se que Ele quer formar Cristo dentro de nossa alma. Tudo que sabemos sobre Jesus hoje é o que aprendemos sobre Ele pelo Espírito e pela Palavra. Paulo nos ensinou que do mesmo modo que conhecemos a Jesus – pelo Espírito – também devemos conhecer todas as pessoas em nosso meio.

Eu sou o guardião de meu irmão?

A atitude que muitos cristãos parecem ter é: "Por acaso eu sou o guardião de meu irmão?" Esse é o espírito de Caim e é uma atitude errada. Ela nos rouba. Não devemos cuidar apenas de nós mesmos, mas também de nosso irmão. Devemos levar os fardos uns dos outros e assim cumprir a lei de Cristo. Se um irmão não é um vencedor, devemos abandoná-lo? Isso é o que o acusador quer que façamos. Se nosso irmão tropeçar em algum pecado externo, vamos descobrir que muitos santos estarão prontos para abandoná-lo.

Há um modo de identificar uma falta em um irmão ou irmã que não traz um senso de condenação. Em Zacarias 3, o anjo do Senhor disse a Josué que se ele guardasse os caminhos de Deus libertaria sua casa. Antes que possamos julgar, devemos ter certeza de que estamos andando intimamente com Deus. Ele quer que sejamos capazes de julgar com justo juízo. Aquele que é espiritual julga todas as coisas (1 Co 2.15). Devemos julgar sem um senso de condenação ou vingança. Temos de julgar com base no individual. Se nosso irmão pecar contra nós, devemos primeiro chamar nosso melhor amigo e contar tudo para ele? Não. Deveríamos ser o primeiro a ir até a pessoa e, a sós, com mansidão, explicar o que aconteceu (veja Mateus 18). Esse é o modo correto. Isso impede que o caluniador acuse o corpo de Cristo.

Deus permita que quando um irmão ou irmã resistir-lhe em uma verdade particular, você não deixe que o acusador do irmão construa uma parede de defesa em seu coração contra ele ou ela.

Três coisas impedem grandemente o fluir do poder de Deus na Igreja. Elas entristecem a Cristo e extinguem o mover de seu poder curador. Elas são apresentadas em Isaías 58.6-9. Israel perguntou: *"Por que jejuamos nós, e tu não atentas para isso?"* (Is 58.3) Deus lhes mostra, então, três razões por que eles não estavam recebendo o poder curador:

1. o jugo de não libertar os oprimidos (legalismo);
2. apontar o dedo (criticismo, censura); e
3. falar vaidades (insinceridade no falar).

Todos esses impedimentos são influência do acusador.

Infelizmente, somos rápidos para julgar da maneira errada e lentos para julgar da maneira certa. Mateus 7.1 nos diz estas palavras muito familiares: *"Não julgueis, para que não sejais julgados"*. Às vezes, a Palavra diz "não julgueis" e "julguem". Isso não é uma contradição, mas uma *contradistinção*. Observe a advertência de Paulo em 1 Coríntios 2.15:

Porém o homem espiritual julga (discerne) todas as coisas, mas ele mesmo não é julgado por ninguém.

Quer dizer, ele pesa todas as coisas, julga tudo. Observe também a frase: *"O homem espiritual julga todas as coisas"*. Há vários sentidos para a palavra "julgar". Um dos significados mais comuns é "libertar". Os crentes devem "julgar" ou "libertar" um irmão ou irmã. Em Mateus 7.1, o significado aqui não é que não devemos julgar, mas que devemos libertar. A maneira errada de julgar seria emitir um juízo. Haverá um momento quando vamos nos sentar para julgar, nós vamos julgar também os anjos, mas até aquele tempo não devemos julgar ninguém (veja 1 Coríntios 4.5).

O versículo 4 é geralmente a única parte de Mateus 7 que é citada, mas Ele continua:

Não julgueis, para que não sejais julgados. Pois... com a medida com que tiverdes medido, vos medirão também. Por que vês tu o argueiro no olho de teu irmão, porém não repara na trave que está no teu próprio?

O mais triste é que paramos aqui quando lemos esse capítulo. Precisamos ler o versículo 5, do contrário vamos pensar que Deus não quer que vejamos nenhum pecado em ninguém. De fato, se apenas mencionarmos, no espírito certo, que determinada pessoa pode estar precisando de oração sobre alguma coisa, rapidamente alguém pode dizer: "Não julgue!" Se não lermos o contexto completo desses versículos, vamos permanecer com a concepção equivocada de que é errada a simples avaliação de outra pessoa, que é inapropriado sequer ponderar sobre ela; porque, tão certo como achamos um cisco no olho dele, teremos uma tábua em nosso olho. Portanto, poderíamos concluir que nunca devemos nos preocupar com o cisco no olho de nosso irmão. Podemos até pensar que estamos prestando um serviço ao nosso irmão por ignorarmos o problema.

Jesus nos ensina o modo correto de julgar:

*Hipócrita, tira **primeiro** a trave do teu olho e, **então**, verás claramente para tirar o argueiro do olho de teu irmão (Mt 7.5).*

Essa passagem realmente se tornou viva para mim por intermédio do seguinte acontecimento:

Eu estava pregando em uma pequena igreja no Texas. Alguns carpinteiros trabalhavam na parte de trás do templo, quando entrou uma lasca no olho de um deles. Estava sendo muito doloroso para ele. Era apenas uma lasca pequena, mas ele sentia como se fosse uma pedra enorme. As pessoas tentaram ajudar, mas ele dizia:

"Oh, não, não se preocupem comigo. Apenas me deixem sozinho."

Era uma reação natural por causa da dor. Eu corri até ele, tirei meu lenço e disse-lhe:

"Irmão, deixe-me ajudá-lo."

"Não, não!", respondeu ele

"Sim, deixe-me ajudá-lo", falei com autoridade porque aquela lasca precisava ser removida.

Abri o olho dele e lá estava ela. A lasca não era grande, mas era perigoso ficar no olho dele. Não pude vê-la muito claramente. Fiquei preocupado sobre o que poderia acontecer se eu acidentalmente a empurrasse mais para dentro. Nós o levamos debaixo da luz, e pude ver então claramente a lasca. Ela aderiu ao lenço e eu a retirei. Ele ficou tão aliviado! Ele me agarrou e me abraçou, dizendo:

"Obrigado!"

Enquanto a lasca estava no olho dele, ele não queria que eu me preocupasse com a lasca, mas quando a retirei, ficou muito agradecido.

Ora, você está prestando um "desserviço" ao seu irmão, se ele estiver preso por algum pecado e você não o restaura. A visão espiritual dele será prejudicada se a lasca de seu olho não for removida. Mas se você não tratar da tábua em sua vida, não poderá ver claramente para remover a lasca. De fato, você pode até prejudicar a visão dele e causar dano espiritual porque vai empurrar essa lasca mais para dentro do olho.

Para ver claramente, devemos julgar com justo juízo, o que nós só podemos fazer depois que nos julgarmos primeiro. Isto é o que Paulo disse em Gálatas 6.1, 2:

Irmãos, se alguém for surpreendido nalguma falta, vós, que sois espirituais, corrigi-o, com o espírito de brandura; e guar-

da-te *[como Jesus disse, "tira primeiro a trave do teu olho"] para que não sejas também tentado. Levai as cargas uns dos outros e, assim, cumprireis a lei de Cristo.*

Jesus quer que tiremos a lasca do olho de nosso irmão, mas Ele não quer que julguemos, senão vamos apenas empurrá-la mais para dentro.

Não julgue... mas julgue

Em 2 Coríntios 5.12, Paulo estava repreendendo os que se gloriavam na aparência e não no coração. Muitas vezes, pensamos que os cristãos carnais como os coríntios se gloriavam na aparência, ao passo que nenhum homem espiritual de Deus pode cair em tal erro.

Vejamos 1 Samuel. Aqui está um homem espiritual. Ele havia recebido a revelação de Deus desde a sua infância. Ele havia julgado Israel durante quarenta anos e não há nenhum registro de desobediência ou de rebelião contra Deus em toda a vida de Samuel. Ele era um homem muito piedoso.

O rei Saul havia sido deposto aos olhos de Deus (1 Sm 16). Ele ainda era rei, mas Deus o havia rejeitado. O Senhor enviou Samuel para a casa de Jessé para escolher, dentre os seus filhos, o sucessor de Saul. Samuel foi. Eles ofereceram sacrifício, e então Samuel disse: "Jessé, reúna todos os seus filhos" (versículo 5). Sete de seus filhos estavam presentes. Ele tinha oito, mas não se preocupou em chamar o mais novo. Um dos filhos mais velhos talvez fosse o sucessor do rei Saul, mas com certeza não seria o mais jovem.

Eles haviam adorado a Deus, oferecendo sacrifícios. O profeta Samuel devia estar atento ao Espírito de Deus.

Sucedeu que, entrando eles, viu [Samuel] a Eliabe [o filho mais velho] e disse consigo: Certamente está perante o Senhor o seu ungido (1 Sm 16.6).

Essa foi a decisão de Samuel. Esse é o sucessor do rei Saul. Eis o próximo rei de Israel. O ungido do Senhor.

Porém o Senhor disse a Samuel: Não atentes para a sua aparência, nem para a sua altura, porque o rejeitei... (1 Sm 16.7).

Mesmo as pessoas piedosas podem julgar pela aparência. Até mesmo o piedoso Samuel, quando olhou para Eliabe, que parecia tão bonito e forte, disse: "Com certeza este é o sucessor do rei Saul. Esse é o ungido do Senhor diante dele".

Deus teve de reprovar o experiente Samuel: "Não atentes para sua aparência... porque o rejeitei".

... porque o Senhor não vê como vê o homem. O homem vê o exterior, porém o Senhor, o coração.

É assim também que o acusador atua. Eu não estou me referindo apenas à aparência física de um homem, mas também à de uma situação. Você pode ouvir falar de uma história sobre algum ministro; pela aparência, você poderia se lançar sobre ele imediatamente, mas você não sabe a história completa. Você precisa orar a Deus, pedindo-lhe a capacidade de discernir e ver quais são os motivos e intenções. Porque, embora Deus veja nossas ações externas, Ele pondera nossas ações por nossa atitude. Ele julga nossos métodos por nossos motivos. Deus começa a sua inspeção em nosso coração.

... porque o Senhor é o Deus da sabedoria, e pesa todos os feitos na balança (1 Sm 2.3).

Nenhum dos sete filhos de Jessé foi escolhido pelo Senhor.

Perguntou Samuel a Jessé: Acabaram-se os teus filhos?

Porque nenhum destes era o sucessor de Saul. Jessé respondeu:

Ainda falta o mais moço que está apascentando as ovelhas (1 Sm 16.11).
Assim o mais novo foi chamado. Logo veio Davi. Ele era corado e de boa aparência. Esse era o ungido do Senhor. Deus teve de mostrar a Samuel que não deveria julgar pela aparência exterior. Até mesmo um homem de Deus muito maduro pode errar, julgando de acordo com os olhos ou conforme os ouvidos.
Faça esta oração agora:

> Senhor, ensina-nos a vencer a censura, o ressentimento, o repetir de boatos e, mesmo se nós estivermos repetindo o que é verdadeiro, ensina-nos a não fazer isso, a menos que produza o bem do Reino.
> Senhor, ensina-nos a enfatizar as coisas mencionadas em Filipenses 4.8: "... Tudo o que é verdadeiro, tudo o que é respeitável, tudo o que é justo, tudo o que é puro, tudo o que é amável, tudo o que é de boa fama, se alguma virtude há e se algum louvor existe, seja isso o que ocupe o vosso pensamento".
> Eu me arrependo por repetir boato.
> Eu me arrependo por fofocar.
> Eu me arrependo por emitir juízo, censurar e criticar.
> Eu me arrependo de todos os meios pelos quais tenho permitido que Satanás me use para semear discórdia entre outros crentes. Eu já não vou mais derrubar meu irmão ou minha irmã.
> Peço-te perdão onde julguei com juízo carnal.
> Peço-te perdão por julgar os homens segundo a carne, por olhar para a aparência exterior.
> Peço-te que me dês a capacidade de julgar com justo juízo, que tenha verdadeiro discernimento e saiba o que está no coração do homem. Tu somente és o juiz deles.
> Ajuda-me a edificar o corpo de Cristo e permita que nunca mais seja usado como instrumento do acusador dos irmãos.
> Obrigado, Senhor.

Capítulo 4
Vencendo Satanás
Quando ele me Acusa para mim mesmo

Convicção e condenação

Mateus 18.18 é um versículo bem conhecido:

Em verdade vos digo que tudo o que ligardes na terra terá sido ligado nos céus, e tudo o que desligardes na terra terá sido desligado nos céus.

Os tempos dos verbos no grego são contrários aos tempos em inglês, na versão King James. Uma leitura mais precisa é:
Tudo que vocês ligarem na terra *tem sido* ligado no céu, e tudo que vocês desligarem na terra *tem sido* desligado no céu (ou "pelo céu").

Vejamos este versículo à luz da vitória sobre o acusador.

O acusador está vencido no céu, embora ainda ataque o povo de Deus. Podemos vencê-lo aqui na Terra, porque já foi vencido no céu. Podemos ligar o acusador quando ele vem a nós com condenação, sentimento de inferioridade ou com qualquer outra coisa. Podemos desligar-nos da influência do acusador aqui na Terra porque já fomos desligados pelo céu.

Devemos vencer o acusador quando ele nos acusa perante nós mesmos. Precisamos saber a diferença entre convicção e condenação. Romanos 8.1, 4 nos lembra:

Agora, pois, já nenhuma condenação há para os que estão em Cristo Jesus... que não andamos segundo a carne, mas segundo o Espírito.

Enquanto você permanece em Jesus não há condenação. Pode haver *convicção*, mas não *condenação*. A seguir, mostramos uma ilustração: Quando Josué, o sumo sacerdote, estava trajado com vestes imundas, Satanás resistiu a ele e o acusou (como foi analisado no capítulo 2). O Anjo do Senhor venceu a condenação do Diabo a favor de Josué, mas, depois que o purificou e colocou nele novas roupas e um turbante limpo em sua cabeça, então o Anjo do Senhor advertiu Josué a respeito de suas responsabilidades. Essa é a figura da *convicção*.

Há convicções bem definidas para aqueles que estão em Cristo Jesus, mas não há nenhuma condenação para aqueles que permanecem em Cristo.

Eu não estou sob condenação. Eu passei da morte para a vida. Eu não sofrerei julgamento condenatório, contanto que permaneça em Cristo.

A convicção pode torná-lo infeliz – o castigo do Senhor pode ser uma coisa verdadeiramente séria. A condenação o impede de aproximar-se de Deus, enquanto a convicção o levará a correr para Ele. A condenação impede seu companheirismo com Deus, enquanto a convicção, na verdade, o ajudará a caminhar com Ele. A condenação vê seus fracassos como base para que não tenha direitos de relacionar-se com Deus, enquanto a convicção vê seus fracassos e pecados como impedimentos para seu relacionamento com Deus e mostra que a remoção desses pecados ajudará grandemente em seu relacionamento com Ele.

Muitos, entre o povo de Deus, estão experimentando a condenação do acusador. Estão sendo acusados pelo atormentador e estão confundindo isso com a convicção do Consolador. Há uma enorme diferença entre condenação e convicção.

Mas como nós podemos saber se estamos sendo convencidos pelo Senhor ou sendo condenados pelo Diabo? Uma grande diferença é: a condenação é uma depreciação geral e completa contra os filhos de Deus. A condenação vem com um sentido geral. "Você é apenas um cristão inútil. Não ora o suficiente, não lê a Palavra, não jejua nem testemunha o suficiente. Você não tem amor o suficiente. Você não tem alegria o suficiente. Você não tem paz o suficiente. Olhe para você. Veja como os outros ao seu redor são melhores em sua caminhada com Deus!" Eu tenho orado por essas pessoas e lhes perguntado: "Qual é o problema?"

"Eu não sei, eu simplesmente me sinto mal em todos os sentidos."

É isso que a condenação faz: ela é uma acusação que sugere que você é apenas alguém que não presta para nada, em todos os sentidos; que você é o cristão mais miserável que já usou o nome de Jesus. "Quem é você para elevar suas mãos, e quem é você para profetizar quando há outras pessoas mais espirituais e mais íntimas de Deus que você?" "Quem você acha que é para ser usado por Deus?" Essa é a voz do acusador.

A convicção é muito específica. Seguindo essa linha de pensamento, consulte o Salmo 139.23, 24:

Sonda-me, ó Deus, e conhece o meu coração, prova-me e conhece os meus pensamentos; vê se há em mim algum caminho mau e guia-me pelo caminho eterno.

Aprecio minha herança espiritual e o que me foi ensinado, mas, frequentemente, eu experimentava uma condenação, semelhantemente à maioria das pessoas ao meu redor. Um de nossos primeiros passos na busca de reavivamento era nos reunirmos ao redor do altar. O evangelista nos exortava a "sondar nossos corações". Quando queremos desesperadamente servir ao Senhor, temos a tendência de olhar para dentro de nós; mas a busca interior não é sempre a correta.

Quando você "sonda seu coração", você encontra todos os tipos de coisas que vão oprimi-lo, sobrecarregá-lo e deixá-lo para baixo. De fato, você até vai querer deixar de orar. Você vai chegar até a dizer: "É impossível. Dessa maneira, eu nunca serei o que Deus quer que eu seja". Você vai jogar a toalha.

Certo dia, quando estava lendo esse Salmo, isso me ocorreu fortemente. Percebi que vinha fazendo o trabalho do Espírito Santo. No início da minha vida cristã, uma das coisas que fazia no fim do dia era tentar verificar onde poderia ter falhado com Deus. Eu revisava as conversações do dia e questionava:

"Eu agi verdadeiramente em amor com essas pessoas?"
E o Diabo dizia:
"Não, você realmente não o fez. Você não demonstrou amor suficiente para com aquela pessoa. Você não disse o que deveria ter dito", etc.
Então, o Senhor me corrigiu:
"Como você ousa tomar o meu lugar? Você está fazendo meu trabalho. É minha tarefa mantê-lo na linha."
Quando o pastor está conduzindo um rebanho, de quem é o trabalho de manter as ovelhas na linha? "O Senhor é o meu pastor e a sua vara e o seu cajado me consolam."
Quando eu me afasto um pouco, Ele põe a sua vara sobre mim e gentilmente me toca para eu voltar para a linha. Ele a coloca ao redor de meu pescoço, mas não a puxa com força. O salmista Davi não disse: "A sua vara e o seu cajado me atormentam". Meu Pastor me conduz gentilmente e, por meio de sua Palavra e pelo seu Espírito Santo, Ele me instrui na maneira como devo andar.
Davi disse:

Sonda-me, ó Deus, e conhece o meu coração: prova-me e conhece os meus pensamentos; vê se há em mim algum caminho mau, e guia-me pelo caminho eterno.

Quer dizer: "Deus, *tu* que me sondas e me olhas. *Tu* vês se há algum caminho mau em mim".
Agora, quando chego ao fim do dia, estou aprendendo a apenas me abrir para o Espírito do Senhor e dizer:
"Ó Senhor, tu me sondas e me conheces. Eu vou deixar toda a sondagem do meu coração para ti."
Então, isso abre minha alma para a correção divina, pois o Espírito Santo é fiel. Quando saio dos limites, isso fica claro; e quando o confesso, não vem nenhum sentimento de culpa, apenas paz e purificação. E estou crescendo na intimidade com o Senhor, em vez de confiar em minha mente. Tenho deixado a sondagem com Ele.
Jeremias 17.10 nos diz:

Eu, o Senhor, esquadrinho o coração, eu provo os pensamentos...

Temos a tendência de nos tornar muito introspectivos em nossa experiência cristã. Somos como a terra de Canaã – uma terra de muitos gigantes, muitas muralhas, muitas cidades. Quando fui salvo, pensei que todas as coisas velhas haviam passado e que tudo se tornara novo. Pensei que isso dizia respeito ao meu espírito, à minha alma e ao meu corpo, e não percebi que isso era apenas no reino espiritual (2 Co 5:17). Então, quando algo ruim surgia em minha esfera emocional, eu pensava que precisava nascer de novo. O que precisava era de libertação e de santificação. Louvo a Deus por que Ele não respondeu ao meu pedido de revelar-me, imediata e inteiramente, tudo em minha natureza emocional que precisava de purificação e correção.

Uma noite, estava diante do Senhor e disse-lhe:

"Senhor, tenho duas ou três horas para estar com o Senhor. Por favor, dize-me tudo que está errado em minha vida e liberta-me disso neste momento."

Deve ser por causa do nosso jeito de viver: queremos "tudo instantaneamente".

Uma vez uma senhora veio me pedir oração e disse-me:

"Quero tudo o que o Senhor tem para mim, neste instante!"

"Bem, então eu não posso orar por você", respondi-lhe.

"Por que não?", perguntou-me. Eu quero tudo. Se há qualquer coisa errada, eu quero ser liberta neste instante."

Eu sabia de onde ela estava vindo – do café instantâneo, das batatas instantâneas. Instantâneo... instantâneo... instantâneo. Queremos perfeição instantânea!

Leva muitos anos para uma árvore crescer. A terra de Canaã demandou muitos anos para ser conquistada e possuída. Deus disse: "Eu não lhes darei a terra de Canaã de uma vez".

O Senhor, teu Deus, lançará fora estas nações, pouco a pouco, de diante de ti; não poderás destruí-las todas de pronto, para que as feras do campo se não multipliquem contra ti (Dt 7.22).

Temos de aprender como entrar, conquistar e, então, reinar, para depois entrar, conquistar uma outra área e reinar. Você não apenas entra e conquista tudo de uma vez, você tem de aprender a reinar sobre cada área que conquista, caso contrário as bestas selvagens virão novamente. O Senhor disse para *conquistarmos* e então poderemos *reinar*. Não permita que o inimigo mostre outras cidades muradas em sua vida e o desvie de *reinar* sobre uma área na qual Deus já lhe deu libertação e vitória.

O Espírito Santo nos convence nas áreas específicas em que quer tratar. Quando pedi ao Senhor, naquela noite, para me mostrar as áreas que estavam erradas e cuidar delas, Ele me mostrou falhas em uma área particular de minha vida. Fiquei com Ele várias horas lidando com o problema, e quando o tempo terminou, o problema ainda não estava completamente resolvido. O Senhor disse: "Não seja impaciente. Eu nunca sou apressado. Levo o tempo que precisar para fazer uma obra em você. Apenas descanse em mim. Deixe-me fazer minha obra".

Muitas vezes, vejo cristãos batizados no Espírito, que se abrem ao acusador porque são precipitados: "Eu quero tudo que Deus tem para mim agora; eu quero vencer tudo". Se existe uma pequena área em sua vida que não está à altura, eles correm para a libertação. Temos a tendência de olhar a libertação como um meio para o momento, a perfeição total instantânea. Mas não é. É apenas a libertação de alguns gigantes. Haverá mais gigantes depois.

"Quero ser liberta de qualquer outra coisa que eu tenha, assim não terei mais problemas com os demônios", uma senhora me disse.

Entendi o seu esforço e lhe disse:

"Irmã, há coisas em sua vida que faria você simplesmente desistir se Deus lhe revelasse a gravidade delas."

Deus é gracioso.

Em certo ponto, eu pensei que estivesse completamente limpo; então, Deus me mostrou a terrível contaminação.

"Oh Deus, não sabia que isso estava aí!", chorei.

Mas Ele sabia desde o princípio e, em sua bondade misericordiosa, me mostrou apenas o suficiente para nós dois aprendermos como conquistar uma cidade de cada vez e reinar sobre ela. Cidade por cidade, fortaleza por fortaleza, aqui um pouco, ali outro pouco, norma sobre norma, preceito sobre preceito, pedra sobre pedra.

Condenação = Culpa
Convicção = Paz

Uma segunda diferença entre a condenação e a convicção é esta: quando Satanás o condena e você se rende a essa voz e confessa-se a Deus (porque pensa que é o Espírito Santo, e acha que o Senhor o está convencendo de algo), em vez de sentir alívio e paz a respeito do que confessou, você experimenta um sentimento de culpa. E mais vozes começam a lhe falar: "Você realmente não deveria ter feito isso". E você responde: "Eu sei, eu sei". Um ciclo vicioso começa, e você confessa aquele pecado várias vezes, repetidamente. Toda vez que você o confessa, cai mais e mais profundamente em condenação. Em vez de escapar da culpa e alcançar a paz, você começa a carregar culpa cada vez mais. Quando o inimigo o está condenando e você é iludido a confessar a Deus a mesma coisa repetidamente, na verdade você está pecando. Essa é a razão por que você fica mais e mais sobrecarregado de culpa. Você está chamando a Deus de mentiroso. Você pode ser sincero e muito bem-intencionado, mas Satanás o levou à introspecção e a distorceu, fazendo-o agir em incredulidade. Romanos 14.23 nos diz: *"Tudo o que não provém de fé é pecado"*. Ao confessar um pecado repetidamente, você está dizendo a Deus que, de alguma maneira, Ele não lhe perdoou. Ele escolhe esquecer quando perdoa. Considerando que você não está agindo sem fé, a confissão é um pecado e, consequentemente, o sentimento de culpa continuará voltando.

Durante o tempo da convicção pelo Espírito Santo, essa voz verdadeira não vai embora. Davi disse:

Enquanto calei os meus pecados, envelheceram os meus ossos pelos meus constantes gemidos todo o dia (Sl 32.3).

A voz de Deus não foi embora. Ela era persistente e muito específica. Quando o pecado é confessado, Deus transforma a seca em umidade da chuva. Em outras palavras, grande paz e grande alívio e libertação vêm quando a rendição é a verdadeira convicção do Espírito Santo. Esta "voz baixa e mansa" se fará conhecida, porque não vem com murmúrios de condenação. Ela vem com compaixão e em tom de súplica: *"Convertei-vos, convertei-vos dos vossos maus caminhos"* (Ez 33.11). Essa é a voz graciosa da convicção.

Devemos louvar a Deus por seu poder de convicção em nossa vida. É esse poder que nos corrige. Deus nos corrige quando começamos ir para a direita ou para a esquerda. Precisamos ficar no caminho reto e estreito. Se começarmos a mudar de direção, essa voz gentil será ouvida. As Escrituras dizem:

... os teus ouvidos ouvirão atrás de ti uma palavra, dizendo: Este é o caminho, andai por ele (Is 30.21).

Condenação = Fardo
Convicção = Purificação

Uma terceira diferença entre a condenação e a convicção: quando Satanás condena um filho de Deus, o faz para roubar sua eficiência; matar, destruir, sobrecarregar. Quando o Espírito Santo convence, o faz para purificar, liberar, livrar e libertar.

Há uma enorme diferença no propósito da convicção e da condenação.

Satanás expunha meus fracassos passados continuamente. Eles me enchiam de muito pesar, de uma sensação de vergonha e remorso. Eu pensei que era bom sentir isso – um sinal do meu arrependimento. Mas isso estava me enchendo de condenação e eu estava perdendo a fé em Deus para satisfazer minhas necessidades. Não percebi que essa era a voz do acusador.

"Você se lembra da vez em que você falhou com Deus"?, Satanás escarnecia.

"Lembra-se da vez que você fez isso àquele irmão?"
"De quando você perdeu a paciência?"
Quando essas acusações vinham, eu dizia: "Sim", e ele as lançava sobre mim. Falo de um fardo! Um fardo enorme de condenação estava sobre mim. Quando continuei a orar, o Senhor me disse:
"Você ainda tem de entender que quando você confessa o pecado a mim eu não apenas o purifico e o transformo, mas também trato com aquele pecado e o removo. Então, removo esse pecado, e Satanás nunca poderá apontar novamente, porque ele foi tratado e destruído."
No Velho Testamento a oferta do pecado era queimada e reduzida a cinzas. Deus disse: "Isso é tudo que restou de seu pecado". Quando, como cristãos, aceitamos o sangue da expiação, confessamos um pecado e nos arrependemos, então, à vista de Deus, aquele pecado não existe mais; foi reduzido a cinzas.
Quando Satanás diz "Olhe para aquele pecado", podemos responder: "Tudo que eu vejo é um monte de cinzas".
"Você não se lembra do que fez?"
"Não, tudo que eu posso ver é um monte de cinzas! Meu pecado foi reduzido a cinzas!"

Maneiras como Deus trata com nosso pecado

Eu achava que era fácil dizer que antes de ser salvo costumava fazer isso ou aquilo. Eu falava sobre o pecado mais horrível e não sentia nenhuma condenação, porque tudo aquilo aconteceu antes que eu fosse salvo. Então, algumas pequenas coisas que eram pecaminosas me aborreciam continuamente, depois que fui salvo. Era fácil perdoar a mim mesmo pelas coisas que eu fiz *antes* de ser salvo, mas era muito mais difícil aprender a aceitar o perdão de Deus pelas coisas que fiz *depois* que recebi a Cristo.
Hoje, muitos cristãos estão procurando um modo fácil, procurando uma desculpa para continuar a entreter-se na vida carnal. A mensagem de santidade que uma igreja morna precisa ouvir deve

ser pregada frequentemente. Mas estou dirigindo essas advertências às pessoas que estão desejando servir ao Senhor sinceramente. Elas estão cientes de que há áreas na vida delas que ainda não venceram. Talvez você, que está lendo este livro, seja um dos indivíduos cuja maior necessidade é o consolo.

> *Consolai, consolai o meu povo... Falai ao coração de Jerusalém... (Is 40.1, 2).*

Se você está se esforçando para servir ao Senhor e Satanás lhe traz coisas pequenas e grandes, mostrando-as a você depois que se arrependeu, discutindo com você, eu quero consolá-lo com estas palavras:

> *Eu, eu mesmo, sou o que apago as tuas transgressões por amor de mim, e dos teus pecados não me lembro (Is 43.25).*

Isso quer dizer que não é a sua bondade que efetuará seu perdão, mas é "Eu, Eu mesmo. Apenas porque Eu sou quem sou". Ao nos mostrar sua razão para nos perdoar, Deus fundamenta seu perdão apenas no mérito da bondade divina. Somente porque Ele é quem é, disse: "Eu apago as tuas transgressões". Por amor de quem? Não por nós, mas pelo *amor dele*. Lembra-se do famoso salmo de Davi, *"Ele refrigera a minha alma por amor do seu nome"*? Deus faz isto para a honra dele. Ele apaga as nossas transgressões por amor de si mesmo. Deus lhe diz: "Eu o chamei pelo nome. Você é meu. Eu estou apagando seus pecados para minha honra". Esse foi o mesmo conceito que me ajudou a vencer a condenação. Seu Espírito Santo continuou a me falar: "Eu vim a você por minha livre graça. O purifiquei e o vesti com minha retidão. Fiz isso por você quando você estava perdido e destruído, quanto mais eu farei agora que você é chamado pelo *meu nome!*"

É por isso que Davi pôde dizer:

> *Bendize, ó minha alma, ao Senhor... Ele é quem perdoa todas as tuas iniqüidades; quem sara todas as tuas enfermidades (Sl 103.2, 3).*

O Senhor cura todas as enfermidades da alma. Ele perdoa todas as iniquidades da alma. A própria transgressão é apagada, e a substância que a apaga, louvado seja Deus, é o seu precioso sangue. Vencemos o acusador pelo sangue do Cordeiro e pela palavra do nosso testemunho. Confessamos os méritos do sangue de Jesus em resposta a Satanás, quando ele vem nos condenar. Dizemos: "Louvado seja Deus, pois está escrito: minhas transgressões estão apagadas". Deus apagou este pecado. Ele não apenas me limpou e me purificou, mas este pecado não é o que era – foi apagado.

Em Isaías 44.22 lemos alguns exemplos da natureza que nos ajudam a ver o que Deus faz com nossos pecados. O primeiro exemplo a considerar é o de uma *névoa*.

*Desfaço as tuas transgressões **como a névoa**, e os teus pecados como a nuvem, torna-te para mim, porque eu te remi.*

Isso é convicção. Essa é a beleza do Senhor – não importa como transgredimos ou como fracassamos com Deus, se interior ou exteriormente. O chamado de Deus para nós sempre é: "Torna-te para mim, torna-te para mim". Condenação: a voz do acusador diz: "Você não é digno de ir a Deus. Olhe o que você fez", mas Deus diz: "Esqueça aquelas transgressões. Eu as apaguei. Continue vindo a mim. Apenas continue voltando-se para mim".

O Senhor disse: "Olhe para sua transgressão depois que você a entregou para mim, como se estivesse do outro lado de uma névoa densa, ou uma nuvem espessa". Bem, eu comecei a fazer isso e é bem difícil ver através de uma névoa!

Porém, Satanás baterá em nosso ombro e dirá: "Ei, você consegue enxergar longe através da névoa?" "Bem... sim". E nós olhamos e tentamos ver através da névoa as coisas que Deus disse para esquecermos.

Em Isaías 43.25, Deus nos mostra outro aspecto do perdão. Ele escolhe perdoar os nossos pecados, e então nos fala: "... *não me esquecerei de ti*" (Is 44.21). Deus nos trata como filhos. Ele, voluntariamente, perdoa os nossos pecados. Quando perdoa, esquece os nossos pecados, mas ainda se lembra de nós. Isso é a graça de Deus.

Não é tanto que não pode se recordar dos nossos pecados, mas que, voluntariamente, escolheu esquecê-los para sempre (Hb 10.15-17).

Nós temos aprendido que, de acordo com a nova aliança, Deus vai perdoar-nos. Mas Ele ainda vai retribuir de acordo com nossas iniquidades. O Salmo 103.10 especificamente nos diz: *"Não nos trata segundo os nossos pecados, nem nos retribui consoante as nossas iniquidades"*.

O Senhor não nos retribui segundo as nossas iniquidades ("iniquidades" geralmente se refere aos pecados dentro de nós – os pecados interiores).

Deus usa outro exemplo da natureza que nos ajuda a entender como o seu perdão é grande para com seus filhos. Esse texto das Escrituras encontra-se em Salmos 103.12:

Quanto dista o Oriente do Ocidente, assim afasta de nós as nossas transgressões.

O Espírito Santo disse algo aqui que, sem dúvida, Davi não compreendeu plenamente quando escreveu essas palavras, isto é, entre o Oriente e o Ocidente há uma distância imensurável, considerando que entre Norte e Sul são – em termos da Terra – há uma distância mensurável. O Espírito Santo disse "Oriente e Ocidente". Imagine sua mão como o globo da Terra. Há o polo norte, o polo sul e o Equador. Se disser que vou para o sul, depois que cruzar o polo sul e chegar ao outro lado, então, em que direção eu estarei indo? Norte. Quando eu cruzar o polo norte, a mesma coisa acontece: de lá eu estou indo para o sul. Os polos determinam isso. Se Davi tivesse falado de sua própria mente, teria sido fácil para ele dizer: "Quanto dista o norte do sul, assim afasta de nós as nossas transgressões". Mas o Espírito Santo sabia que o norte e o sul se encontram nos polos, mas o leste e o oeste não. Você pode ir em direção ao norte apenas do polo sul até o polo norte. E você pode ir em direção ao sul apenas do polo norte até o polo sul. Mas você pode ir para o leste, dando a volta ao mundo, e quando voltar ao ponto de partida ainda estará indo para o leste. Você pode ir para o oeste, dando a volta ao mundo e, enquanto você não mudar seu curso, ainda estará indo para o oeste. Assim, *"quanto dista o Oriente do Ocidente"* – uma distância imensurável – *"ele afasta de nós as nossas transgressões".* Não afastou as nossas transgressões de Deus, mas de nós. Meus pecados estão a uma imensurável distância de mim!

Quando confesso um pecado e me arrependo dele, não posso permitir que Satanás me traga a lembrança daquele pecado, pois aquele pecado está tão distante de mim como o leste está do oeste! Em Miquéias 7.18, 19 há outra comparação do perdão de Deus que nos ajuda a entender que podemos ser vencedores:

> *Quem, ó Deus, é semelhante a ti, que perdoas a iniquidade, e te esqueces da transgressão do restante da tua herança? O Senhor não retém a sua ira para sempre, porque tem prazer na misericórdia. Tornará a ter compaixão de nós, pisará aos pés as nossas iniquidades e lançará todos os nossos pecados **nas profundezas do mar**.*

Nos dias de Miquéias não havia submarinos; era possível descer apenas alguns metros abaixo da superfície do oceano. Mesmo em nossos dias, a medida de profundidade dos oceanos tem sido alterada várias vezes.

Não muito abaixo da superfície de oceano, a luz desaparece e é muito escuro. Quilômetros após quilômetros tudo é escuro, escuro, escuro. Da próxima vez que o Diabo lhe disser: "Olhe para o seu passado", você pode lhe responder: "Eu não posso ver o passado. Ele está a dez quilômetros de profundidade. Está muito fundo, bem longe de mim". Não se esforce para contemplar seu passado lamentável. Não tente contemplar os seus pecados antigos. Eles estão nas profundezas do mar. Sempre vencemos a Satanás com a Palavra de Deus.

Em Isaías 38 encontramos outro quadro do que Deus faz com nossos pecados. Isaías se aproximou do rei Ezequias dizendo:

> *Põe em ordem a tua casa, porque morrerás, e não viverás (Is 38.1).*

O rei virou o rosto em direção à parede e começou a orar ao Senhor. Deus falou com o profeta Isaías e novamente o enviou ao rei Ezequias com outra mensagem: "Volte e diga-lhe que ele terá mais quinze anos acrescentados à sua vida".

Ezequias louvou a Deus pela resposta de vida prolongada e escreveu um pequeno salmo de louvor por sua libertação. Observe o que ele disse sobre os seus pecados:

Eis que foi para minha paz que tive eu grande amargura; tu, porém, amaste a minha alma e a livraste da cova da corrupção, porque lançaste para trás de ti todos os meus pecados (Is 38.17).

O quadro aqui é Deus pegando um pecado e atirando-o para trás de si com o mesmo braço poderoso que lançou os planetas e as estrelas pelo céu. Com essa mesma mão estendida, essa poderosa mão de libertação, Deus tomou todos os nossos pecados e os lançou para trás de si.

"Bem", você pergunta, "o que há de tão importante em lançar os meus pecados para trás dele?"

Deus não é homem, para que minta; nem filho de homem, para que se arrependa. Porventura, tendo ele prometido não o fará? Ou, tendo falado, não o cumprirá? (Nm 23.19).

Arrepender-se significa olhar em outra direção. Deus toma os meus pecados e os deita fora, ou os lança para trás de si, para jamais olhar para eles novamente! Nunca vai se virar e olhar para eles. Os pecados estão atrás dele, não diante de sua face.

Não tenho de discutir com Satanás, como também não tenho de satisfazê-lo. Quando ele vem a mim dizendo "Você é um cristão sujo, podre", não tenho de dizer: "Mas... mas... mas". Deixe-o pensar o que quiser. Eu nunca terei de prestar contas a ele. Não preciso agradá-lo. Eu não tenho de responder perante ele. Posso ficar completamente calado diante de suas acusações. Confesso os méritos do sangue de Jesus, porque é Cristo quem morreu, e é perante o tribunal de Cristo que deverei comparecer. É Deus que deu Jesus por mim, e é perante Deus que prestarei contas de minha vida, e somente a Ele.

Quando entendo o que Deus faz com o pecado, como Ele o apaga, remove-o de mim para tão longe quanto o leste está longe do oeste, mergulha-o nas profundidades do mar e lança-o para trás. Então, nunca mais permitirei que o adversário sussurre condenação aos meus ouvidos sobre alguma coisa lamentável da qual eu já me arrependi. Em vez disso, eu vou olhar para o mérito de Jesus e vencer o acusador pelo sangue do Cordeiro e pela palavra de meu testemunho.

Divórcio e novo casamento

Às vezes, ocorrem fatos na vida das pessoas que não podem ser mudados. Situações como divórcio e novo casamento. Conheço muitos cristãos que estão sob condenação por causa de um erro que praticaram no passado, que agora é impossível corrigir.

A Bíblia não nos dá muitas bases para o divórcio. Encontrei apenas duas razões legítimas no Novo Testamento: adultério e abandono. O adultério deve ter sido um evento repetido e não um único ato.

Deus requer que você perdoe de coração o parceiro infiel, se ele ou ela confessarem sinceramente, e então que esqueçam o adultério. Se os adúlteros continuassem em adultério, de acordo com a lei, eles seriam apedrejados até a morte. O abandono é mencionado em 1 Coríntios 7.15:

Mas, se o descrente quiser apartar-se, que se aparte [se alguém abandonar seu cônjuge cristão]; em tais casos, nao fica sujeito à servidão, nem o irmão, nem a irmã; Deus vos tem chamado à paz.

Quando viajamos, encontramos muitas pessoas que não tinham motivos suficientes para o divórcio, e mesmo assim se divorciaram e se casaram de novo. Alguns segmentos da igreja não permitem absolutamente que aqueles que estão no segundo matrimônio assumam qualquer área de responsabilidade, mesmo que seja servir como porteiro ou cortar a grama. Essas mesmas estruturas de governo, porém, aceitam os dízimos e as ofertas desses "cristãos de segunda classe". Eles podem vir à igreja e se sentar nos bancos, mas não podem servir a Deus nessa estrutura. E esses grupos se sentem justificados no que estão fazendo!

Em alguns casos, a infidelidade (uma base bíblica para o divórcio) aconteceu por parte do cristão. Às vezes, a infidelidade é a causa do divórcio, ou ele acontece por causa de pressões que não são aparentes. Em algumas instâncias, todo o fracasso aconteceu antes que Jesus entrasse no quadro, e uma ou ambas as partes são cristãos na hora da dissolução do casamento. Algumas pessoas apontam o livro de Esdras, capítulo 9, e dizem que a única solução é que o marido e a esposa se separarem, embora isso cause muita dor. Outros ensinam que todas as pessoas não salvas estão em matrimônio não reconhecido por Deus. Busquei ao Senhor para encontrar respostas para esse assunto e acredito que Ele me deu uma palavra.

Não posso aceitar o ponto de vista popular de que os matrimônios pagãos não são feitos por Deus. O rei Herodes, que não era uma pessoa justa em nenhum sentido, ouviu de João Batista: *"Não te é lícito possuir a mulher de teu irmão"* (Mc 6.18). Portanto, Deus reconhece o matrimônio daqueles que não são salvos. Deus reconheceu o adultério de Herodes por causa da esposa de seu irmão Filipe.

Estou falando principalmente daqueles que estão presos por sentimentos de desespero e impotência por causa de seu passado. Por exemplo, um homem divorciado e uma mulher divorciada se encontram e depois se casam e têm um filho. Eles são batizados no Espírito e a seguir recebem o ensino que Deus quer que eles se separem. Eles ficam muito preocupados por causa da condenação que estava sobre eles.

A história de Naamã em 2 Reis pode nos ajudar a ilustrar vários princípios aqui, embora não tenha nada a ver com divórcio ou novo casamento. Tem a ver com a idolatria. Naamã, capitão do exército sírio, era um leproso que havia consultado todos os médicos na terra da Síria. Ele disse: "Eu preciso de ajuda". A empregada dele disse: "Há um profeta em Israel. Vá até ele e peça-lhe que ore pelo senhor, e o senhor será curado dessa lepra". A lepra era uma doença fatal. Ele foi para a terra de Israel, mas Eliseu, o profeta, nem mesmo saiu para recebê-lo.

Naamã havia ouvido falar desse profeta e imaginara: "Pensei que ele certamente viria me receber, imporia as mãos e faria uma declaração dizendo: 'sua lepra sarou'". Pensei que seria como o estalar dos dedos. Ao invés disso, ele nem mesmo saiu ao meu encontro. Ele enviou um mensageiro com as instruções: *"Vai, lava-te sete vezes no Jordão... Então, desceu e mergulhou... consoante a palavra do homem de Deus; e a sua carne se tornou como a carne duma criança, e ficou limpo"* (2 Rs.10, 14). Além de a pele dele ser restabelecida, *o coração de Naamã foi mudado*. Naamã era um idólatra. Nenhum de seus deuses sírios puderam remover a lepra, mas *Yahweh*, o Deus de Israel, pôde limpar sua carne. Naamã encheu-se de louvores tremendos para esse Deus. Tanto que ele se converteu ao judaísmo.

Voltou ao homem de Deus, ele e toda a sua comitiva; veio, pôs-se diante dele e disse: Eis que, agora, reconheço que em toda a terra não há Deus senão em Israel; agora, pois, te peço aceites um presente do teu servo (2 Rs 5.15).

Mas Eliseu lhe respondeu:

Tão certo como vive o Senhor, em cuja presença estou, não o aceitarei (2 Rs 5.16).

Naamã insistiu com ele para que recebesse os presentes, mas Eliseu os recusou. O profeta queria que Naamã percebesse que ele não poderia pagar pelas bênçãos do Senhor, que eram uma provisão da graça de Deus, e que ele não poderia merecê-la de nenhuma forma.

Disse Naamã: Se não queres, peço-te que ao teu servo seja dado levar uma carga de terra de dois mulos; porque nunca mais oferecerá este teu servo holocausto nem sacrifício a outros deuses, senão ao Senhor (2 Rs 5.17).

Naamã se converteu ao verdadeiro Deus. Ele mudou de religião. Não mais regressaria para o seu rei na terra da Síria nem faria sacrifícios a qualquer ídolo. Em essência, estava dizendo: "Nunca mais vou oferecer sacrifício a nenhum ídolo. Acabei com a idolatria. Quero servir ao Senhor Deus. Eu estaria correto com Ele se levasse fardos de terra sobre dois mulos da terra de Israel? Quero o pó de Israel. Vou levar estas cargas de terra para o meu país e construir um altar lá para Yahweh".

Por causa de sua cura, Naamã estava convencido de que não havia nenhum outro deus senão o Deus de Israel. Ele havia tentado todos os outros deuses e disse: "Eu vou servir ao Senhor". Então ele se lembrou: "Oh, não, isso vai ser impossível!"

Naamã, então, pede a Eliseu que lhe dê permissão para fazer algo que, pela lei, ele poderia ser condenado à morte. Para ele, essa é uma situação impossível. Não há saída.

Nisto perdoe o Senhor a teu servo; quando o meu senhor entra na casa de Rimom para ali adorar, e ele se encosta na minha mão, e eu também me tenha de encurvar na casa de Rimom, quando assim me prostrar na casa de Rimo, nisto perdoe o Senhor a teu servo (2 Rs 5.18).

Naamã está preocupado. Ele está dizendo: "Realmente creio no Deus de Israel e amo ao Senhor. Foi Ele quem me curou. Rimom nunca fez nada por mim. Mas meu senhor exige que eu o acompanhe quando ele adora. Quando eu for com ele para a casa de Rimom, ele se apoiar em minha mão e eu tiver de m curvar diante do ídolo, me perdoe". Deuteronômio 18 diz que estas pessoas deveriam ser condenadas à morte se fizessem tal coisa.

E, agora, o que Eliseu vai fazer?

"Não, Naamã, você não pode fazer isso! Diz assim na Palavra", Eliseu poderia ter respondido facilmente. Mas Deus sabe que, às vezes, há situações impossíveis.

Escute a resposta inspirada de Eliseu no versículo 19:

Eliseu lhe disse: Vai em paz.

O conselho correto de Eliseu para Naamã teria sido condenação, de acordo com a letra da lei.

Algumas pessoas já se encontram no segundo matrimônio quando começam seu andar com Deus. Por causa de seu desejo de servir ao Senhor, estão dispostos a fazer qualquer coisa. Pensam em deixar um ao outro e enfrentar a aflição que isso causaria. Os filhos pequenos já podem estar envolvidos.

Uma situação impossível? Pode haver acontecido algo que, de seu coração, você não queria, mas que, de acordo com os limites naturais e legais da vida, você foi forçado a fazer. Quão melhor é descansar na declaração de Eliseu: "Vá em paz".

"Eliseu, você é um verdadeiro profeta? Você disse para Naamã ir em paz. Moisés ensinou que curvar-se diante de um ídolo é uma abominação. Você tem certeza de que seu conselho para Naamã está correto?", alguém pode ter-lhe perguntado.

"Sim, está certo. Vá em paz", Eliseu teria respondido.

Para os casais que se encontram sob condenação e não podem voltar e *juntar o leite derramado,* Elizeu diz "Vão em paz".

Esqueça o passado

Quando Satanás o condena e o acusa perante Deus, faça estas perguntas:

Que diremos, pois, à vista destas coisas? Se Deus é por nós, quem será contra nós? Aquele que não poupou o seu próprio Filho, antes, por todos nós o entregou, porventura, não nos dará graciosamente com ele todas as cousas? Quem intentará acusação contra os eleitos de Deus? É Deus quem os justifica. Quem os condenará? (Rm 8.31-34).

Quando você está sob condenação, precisa se perguntar: "De onde está vindo essa condenação?"

Quem é que condena? Não é Cristo.

É Cristo Jesus quem morreu ou, antes, quem ressuscitou, o qual está à direita de Deus, e também intercede por nós (Rm 8.34).

Assim, se isso não vem de Deus nem de Cristo, então, quem é aquele que condena? É Satanás, nosso adversário.

No início de minha vida cristã, eu dizia:

"Há várias coisas que preciso fazer para chegar ao lugar em que realmente quero estar espiritualmente. Preciso orar mais. Tenho de estudar mais. Devo aprender mais da Palavra. Preciso dar um testemunho melhor".

Conheço outros cristãos que dizem:

"Tenho seis ou sete coisas das quais devo cuidar; então, acho que estarei no lugar onde Deus quer que eu esteja".

O apóstolo Paulo disse que ele tinha apenas *uma coisa* a fazer:

Não que eu o tenha já recebido ou tenha já obtido a perfeição; mas prossigo para conquistar aquilo para o que também fui conquistado por Cristo Jesus. Irmãos, quanto a mim, não julgo havê-lo alcançado; ***mas uma coisa faço****: esquecendo-me das cousas que para trás ficam e avançando para as que diante de mim estão (Fp3.12, 13).*

As coisas que ficam para trás são as únicas que você pode esquecer. De fato, Paulo faz mais de uma coisa: eu prossigo... eu não julgo haver alcançado... esquecendo-me das coisas... avançando adiante... prossigo para o alvo, mas ele não conta nem mesmo as coisas que ele tem de fazer. Elas acontecem naturalmente. Mas uma coisa ele tem de praticar conscientemente: **esquecer**.

Precisamos aprender a nos esquecer do passado lamentável. Esqueça, e deixe o passado ficar para trás. Jesus disse: *"Lembrai-vos da mulher de Ló"* (Lc 17.32). A esposa de Ló olhou para trás, para Sodoma. Sodoma representa o passado lamentável. Ela não conseguia esquecer Sodoma. Olhou para trás e transformou-se em uma estátua de sal. Jesus nos diz que devemos nos lembrar dela; Ele a usou como exemplo. Você não vai progredir em sua vida cristã se continuar olhando para o passado.

Jesus nos dá outra advertência:

Ninguém que, tendo posto a mão no arado, olha para trás é apto para o reino de Deus (Lc 9.62).

Não estaremos preparados para o Reino ou para a obra do ministério, se continuamos olhando para trás. Deixe o passado ficar no passado.

Eu estava orando por uma irmã e o Senhor me disse: "Ela se condena por coisas do passado". Eu lhe disse isso e ela começou a chorar. Repreendemos aquela coisa; ela saiu e a mulher começou a se regozijar e a louvar a Deus.

É tão recompensador ver o povo de Deus ser liberto do acusador dos irmãos; sermos livres dos espíritos de condenação e de acusação.

Todos nós somos vencidos em algum momento pela condenação ou, pelo menos, a condenação vem contra nós. Nosso único mérito para vencer é a justiça de Jesus Cristo. Você nunca vai estar à altura o bastante para agradar a Satanás. Ele sempre estará dizendo: "Você poderia ter feito isto. Você poderia ter feito aquilo". Mas você pode confiar no mérito da justiça do sangue de Jesus e vencer por sua confissão de fé. Junte-se a mim em uma oração final:

"Pai, venho a ti no nome poderoso de Jesus. Sei que Satanás vem a mim como o acusador dos irmãos. Ele me acusa perante mim mesmo. Às vezes, tenho sido enganado em pensar que é a voz do teu Espírito, visto que agora eu entendo que as coisas antigas são esquecidas e é Satanás que traz o meu passado de volta para mim.

No nome poderoso de Jesus, rejeito a condenação. Resisto ao acusador dos irmãos. Não vou mais permitir que ele me acuse perante mim mesmo. Amarro essas táticas de condenação em nome de Jesus e confesso os méritos do sangue de Jesus contra as mentiras de Satanás. Rendo minha vontade a Ti, Senhor, e creio nas promessas da tua Palavra.

Proponho em meu coração pôr guarda em meus lábios, guardar minha língua de falar acusações malignas contra meus irmãos; não morder nem devorar, mas abençoar e liberar através de palavras temperadas de graça.

Obrigado, Jesus, por advogar à mão direita do Pai a meu favor. Amém e Amém".

Sobre o Autor

David Alsobrook é filho de pastor, mas rebelou-se contra os ensinos da igreja desde bem cedo. Ele estudou caratê e falsas religiões antes de entregar sua vida a Jesus Cristo, com a idade de quinze anos. Antes de completar dezesseis já havia lido a Bíblia quatro vezes, do princípio ao fim, e descoberto, para sua grande alegria, que as verdades nela contidas ainda estavam em vigor e disponíveis para os crentes hoje.

Em 1972, aos dezessete anos, David ingressou um ministério itinerante de tempo integral, dedicado principalmente ao evangelismo e ao ensino da Bíblia. Ele viajou pelos Estados Unidos e Canadá extensivamente e pregou em mais de 1.200 lugares diferentes, desde prisões a clubes de campo, desde um punhado de pessoas até milhares de uma vez. Sua adorável esposa, Ginny, viaja com ele e canta durante o período de ministração. A família Alsobrook tem testemunhado literalmente centenas de milagres de transformação de vida em seu ministério público.

Ele já escreveu mais de quarenta livros, que foram distribuídos para cerca de cinquenta países, e traduzidos em não menos do que quinze idiomas. Estimativas cautelosas de suas publicações excedem quatro milhões de cópias. Líderes notáveis da comunidade cristã têm citado amplamente seu material em suas publicações.

O meio milhão de cópias de seu livro sobre o aborto, colocado em muitos centros de aconselhamento dos Estados Unidos e Canadá, tem levado muitas jovens mães a decidir pelo nascimento de seus bebês, em vez de levar a cabo o aborto tencionado ou planejado. As pessoas de todas as classes sociais, de prisioneiros a presidentes, têm lido e feito comentários favoráveis sobre seus escritos. As vidas de muitas pessoas em várias partes do mundo têm sido transformadas para sempre pelo poder da Palavra de Deus, como testemunhado nas milhares de cartas de agradecimento que David recebe de mais de 40 países.